10대와 통하는

환경과
생태
이야기

10대와 통하는 **환경과 생태 이야기**

제1판 제1쇄 발행일 2015년 10월 18일
제1판 제18쇄 발행일 2023년 4월 11일

글 _ 최원형
기획 _ 책도둑(박정훈, 박정식, 김민호)
사진 제공 _(주)자연과생태, 김규정, 민정희, 최원형, 푸른아시아
디자인 _ 채홍디자인
펴낸이 _ 김은지
펴낸곳 _ 철수와영희
등록번호 _ 제319-2005-42호
주소 _ 서울시 마포구 월드컵로 65, 302호(망원동, 양경회관)
전화 _ (02)332-0815
팩스 _ (02)6003-1958
전자우편 _ chulsu815@hanmail.net

ISBN 978-89-93463-83-5 43300

철수와영희 출판사는 '어린이' 철수와 영희, '어른' 철수와 영희에게
도움 되는 책을 펴내기 위해 노력합니다.

10대와 통하는

환경과
생태
이야기

최원형 지음

철수와영희

이 책을 세상에 내놓기까지 따스한 격려를 아끼지 않고
책 기획에 힘을 실어 주신 숭문중학교 신경준 선생님께 고마움을 전한다.
평생을 교육자로, 그리고 무엇보다 내게 식물과 동물의 세계로 안내해 주신
인생의 가장 큰 스승이셨던 부모님께 이 책을 바친다.
가장 든든한 후원자인 가족과 언제나 내 글을 꼼꼼하게 읽고 교정봐 주는
내 딸 경민에게 특별한 고마움을 전한다.

불가사리를
바다로 돌려보내는 일

　문제를 알게 되면 해결 방법도 궁리할 수가 있어. 그렇지만 애당초 무엇이 문제인지조차 인식하지 못하고 있다면 해결은 요원한 일이겠지. 너희에게도 너무나 익숙한 지구 온난화, 기후 변화, 이런 말들이 그저 스쳐 지나가는 말들로 그치지 않길 바란다면 너무 큰 꿈일까?

　태평양 한가운데에 한반도 두 배 크기의 쓰레기 섬이 둥둥 떠 있다는 사실을 알고 있니? 그 쓰레기의 대부분은 플라스틱이란 사실도 말이야. 그리고 그 쓰레기들로 인해 앨버트로스, 바다거북 등이 목숨을 잃고 있다는 사실은 알고 있을까? 우리 생활에서 플라스틱을 뺀 일상을 상상할 수 있겠니? 아니, 콘센트가 없는 세상은 어때? 나는 너희가 이런 상상을 적어도 한 번쯤은 꼭 해 봤으면 해. 왜냐면 오늘 우리 환경과 생태에 엄청난 고통을 가져다주는 것이 바로 이 콘센트, 플라스틱과 연결되어 있기 때문이거든.

아주 짧은 이야기를 하나 들려줄게. 한 노인이 있었어. 이 노인은 아침이면 해변을 산책하며 사색에 잠기는 일을 즐겼단다. 어느 날 아침, 해변을 산책하는데 멀리서 어떤 사람이 춤을 추는 게 시야에 들어오는 거야. 가까이 다가가서 보니 그건 춤이 아니라 한 소녀가 해변에 있는 불가사리를 주워서 바다로 던지는 행동이었어.

노인이 소녀에게 물었지.

"애야, 뭘 하고 있니?"

"불가사리를 바다에 던져 주는 거예요."

"왜 그걸 하고 있는 거지?"

"지금은 썰물이 시작되었어요. 불가사리를 내버려두면 죽어요. 그래서 얼른 바다로 던져 줘야 해요."

"소용없는 짓이구나. 해안은 수 킬로미터나 된단다. 네가 그런다고 달라질 건 없어."

이렇게 노인이 이야기하는 동안에도 소녀는 허리를 굽혀 불가사리 한 마리를 주워 바다로 던지며, "그렇지만 방금 제가 한 마리를 바다로 돌려보냈잖아요"라고 말했어.

어떠니? 꿈같은 이야기일까? 너희에게는 들려주고 싶은 이야기가 참 많단다. 왜냐면 너희가 미리 알게 된다면 너희 미래에 도움이 될 이야기들이 너무나 많기 때문이지. 특히 너희가 살아갈 세상이 좀 더 평화롭기 위해 꼭 알아야 할 것들 말이야. 우리는 모두 지구에 발을 딛고 살아가고 있지. 그러니 우리의 삶이 평화롭기 위해선 우리가 사는 지구가 편안해야만 해. 그렇지만 우리 바람과는 달리 지구의 사정은 썩 좋지가 않단다. 남극과 북극의 빙하가 엄청난 속도로 녹아내리고, 바다는 해양 산성화로 산호초가 사라져 가고, 생물종은 급격히 줄어들고 있으며 홍수, 가뭄, 태풍 등으로 지구에서의 삶이 거칠어지고 힘들어져 가고 있단다. 거기다 우리의 과학은 핵이라는 판도라 상자까지 열어 버렸지.

이 책은 먼저 이런 문제의식에서 출발해. 현재 우리에게 닥친 여러 문제들을 보여 주지. 그 문제들은 우리가 이미 알았던 것들도 있겠지만 대부분 몰랐던 내용들일 거야. 왜냐하면 우리는 모두가 자기 일에만 집중하며 사느라 전체를 볼 기회가 드물기 때문이야. 그리고 이런 문제를 해결하려는 노력들은 또 어떻게 진행되고 있는지도 이 책에는 나와 있단다. 너희가 주목해야 할 지점은 바로 여기야. 쉽게 희망을 가지라고 말하지는 않을 거야. 단지 현재 벌어지고 있는 전 지구적인 재난과 고통들, 그리고 그에 대한 우리 인류의 노력은 어떤 것이 있는지를 알았으면 해.

지금 지구의 상황은 썰물을 맞이한 불가사리 같은 존재라고 비유할 수 있을 것 같아. 그런데 그런 불가사리는 수 킬로미터 해안가에 즐비해 있어. 한두 마리 바다로 던진다고 해 봤자 별 소용이 없다고 포기해야 할까? 앞에서 얘기했던 그 소녀처럼 그럼에도 내가 할 바를 한다, 이런 생각을 만약 지구인의 10퍼센트만이라도 한다면 세상은 어떻게 될까? 그리고 이 책을 읽는 너희가 그 10퍼센트 안에 들어간다면? 이것이 바로 너희가 환경과 생태 문제에 관심을 가져야 할 까닭이라고 생각해. 나는 우리들 안에 있는 선함을 믿어. 환경과 생태의 문제는 한마디로 인간 욕망의 문제라고 보면 정확할 것 같아. 그러기에 그 욕망의 크기를 줄이기 위해서는 우리 안에 자리한 선함을 세상 밖으로 꺼내야 할 테고. 그런 점에서 내면과 외부와의 소통도 중요해. 이 일을 가장 잘할 수 있는 사람은 바로 너희들이란다. 왜냐하면 다가올 미래는 너희의 세상이니까. 지구를 잘 부탁해.

2015년 10월

최원형

차례

왜

생태를
알아야
해?

생태가
뭐야?

'생태' 하면 제일 먼저 뭐가 떠오르니? 환경 오염이나 울창한 숲을 떠올리는 친구들이 많을 거야. 그런데 어른들은 '생태탕'을 먼저 떠올릴지도 몰라. 너희들 중에서도 먹어 본 사람이 있을 텐데, 명태라는 생선을 끓여서 만든 음식이야. 그 맛이 일품이어서 찾는 사람들이 많지. 얼마 전까지만 해도 누구나 먹을 수 있는 아주 흔한 음식이었단다. 그런데 명태가 점점 귀해지자 먼바다에서 잡아 얼린 동태로 끓인 동태탕이 그 자리를 대신했지. 명태가 귀한 생선이 된 데에는 두 가지 이유가 있단다.

첫째로, 명태는 찬 바다에 사는 한류성 어류야. 예전에 우리나라 동해에서 많이 잡혔지. 그런데 점점 바다가 따뜻해지는 거야. 바로 지구 온난화 때문이지. 그래서 지금은 우리 바다에서 찾아볼 수가 없게 된 거란다.

두 번째 이유는 '남획'이야. 남획(濫獲)은 '마구 잡아들인다'는 뜻의

한자어란다. 고기잡이 기술이 발전하면서 명태를 한 마리라도 더 잡기 위해 바닥까지 긁어 가며 싹쓸이했단다. 그리고 나선 쓸모없는 생선들을 바다에 도로 버렸어. 이러니 명태의 씨가 마를 수밖에. 이건 비단 우리나라만의 문제가 아니야. 세계 곳곳에서 이런 '싹쓸이 조업' 때문에 문제가 생기고 있단다. 도대체 왜 이렇게 마구 잡아들이는 걸까?

예전에 우리 조상들은 고기잡이를 할 때 어린 물고기는 잡지 않았어. 어쩌다 어린 물고기가 잡히면 도로 놓아주었거든. 혹시 '은혜 갚은 잉어'라는 옛이야기 들어 본 적 있니? 어부에게 잡힌 물고기가 눈물을 흘리며 살려 달라고 사정을 하잖아. 마음씨 착한 어부가 바다에 놓아주는데, 알고 보니 그 물고기는 용왕의 딸이었고, 덕분에 큰 부자가 된다는 이야기 말이야.

이런 이야기가 오래도록 사랑받는 까닭은 착한 마음씨, 생명의 소중함을 가르치기 때문일 거야. 그런데 실제로도 어린 물고기를 놓아주는 게 나중에 더 큰 이득이 되는 건 아니었을까? 놓아준 물고기가 더 큰 고기가 될 수도 있고, 알을 낳아서 그 수가 많아질 수도 있는 거니까. 옛날 사람들은 그걸 알고 있었을지도 몰라. 그래서 잡은 물고기도 놓아주는 지혜를 보여 주었을지도 모르지. 과학 기술이 발전한 지금, 오히려 물고기들의 씨가 말라가는 현실을 어떻게 보아야 할까. 분명한 건 이기심과 욕심만 커지고 옛사람들의 지혜를 잃어 간다는 사실이야. 참으로 안타까운 일이지. 어쩌다 생태탕을 소개하는 글이 되어 버렸지만, 우리나라에서 명태가 사라진 원인을 잘 들여다보면 오늘날 생태 문제를 풀 단서를 얻을 수도 있다고 생각해.

‘생태’ 하면 제일 먼저 뭐가 떠오르니?

환경 오염이나 울창한 숲을 떠올리는 친구들이 많을 거야.

그런데 어른들은 ‘생태탕’을 먼저 떠올릴지도 몰라.

생태라는 말의
기원

생태란 말을 처음 쓴 사람은 에른스트 헤켈이야. 독일의 유명한 해양 생물학자이자 의사인 이분은 교수, 화가, 거기다 박물학자에 이르기까지 다양한 직업을 갖고 있었어. 1834년에 태어나서 우리나라에서 삼일 운동이 일어나던 해인 1919년에 세상을 떠났으니 19세기에 주로 활동했던 사람이지. 헤켈은 "유기체와 그들을 둘러싼 환경 사이의 그물망"이라는 뜻으로 '외콜로기'(Ökologie)라는 단어를 처음 썼다고 해. 우리말로 '생태학' 또는 '생태계'라고 번역할 수 있지. 당시 다윈의 영향을 받은 헤켈이 "생명체들 사이의 조화와 외부 세계와의 관계"를 연구하는 학문으로서 '생태학'을 정의한 거야.

그래서 이 말 속에는 다윈의 시각이 담겨 있어. 인류가 창조된 것이 아니라 과거로부터 진화한 생명체라는 것, 모든 생명은 진화를 거쳐 지금의 모습이 되었다는 다윈의 이론은 과학계에 엄청난 충격을 몰고 왔지. 다윈의 대표작인 『종의 기원』(1859년)은 지금도 널리 읽히고 있어. 이 책에서 주목할 것은 생명체들이 다양하게 분화하는 원인을 환경과의 관계에서 찾고 있다는 점이야. 다윈은 '자연 선택'이라는 개념으로 진화를 설명했는데, 환경에 적응을 잘하는 종이 살아남는다고 본 거야.

그렇다면 이러한 다윈의 주장은 어디서 온 걸까? 앞서 헤켈이 다윈의 영향을 받았다고 했지. 마찬가지로 다윈에게도 영향을 미친 사람이 있었는데 바로 알렉산더 폰 훔볼트라는 사람이야. 우리에게는 생소할 수도 있지만 유럽에서는 나폴레옹 다음으로 유명한 사람이란다.

혹시 훔볼트 해류, 훔볼트 펭귄 같은 이름을 들어 본 적 있니? 그의 이름은 사방에서 찾아볼 수 있는데, 적어도 19종의 동물과 15종의 식물이 그의 이름을 따서 지어졌을 뿐만 아니라, 산맥, 봉우리, 공원, 광산, 항만, 호수 등에서도 그의 이름을 찾아볼 수 있단다.

훔볼트는 지리학자, 박물학자, 여행가, 식물학자 등 다양한 직업을 갖고 있었어. 그의 생애에 관해서 얘기하려면 책 한 권은 거뜬히 나올 정도니 생략하고. 여기서는 그의 수많은 업적 중 하나인 식물과 환경의 관계에 대한 연구에 주목할거야.

훔볼트는 식물이 지리적으로 다르게 분포하는 이유를 설명하고 싶었어. 왜 지역마다 자라는 꽃과 나무가 다를까? 너희도 한 번쯤은 그런 생각을 해 봤을 거야. 그러다 훔볼트는 그 이유를 환경에서 찾았어.

연구를 통해 기후나 토양, 수분, 해발 고도처럼 식물이 처한 자연조건이 식물의 분포를 결정한다고 결론은 내렸지. 다윈처럼 환경이 생명체를 선택한다고 생각했던 거야. 대표작인 『등온 곡선 만들기』(1817년)

를 비롯한 여러 책에서 그는 이런 생각들을 과학적으로 입증했어. 동식물 등 유기체의 분포가 자연조건의 영향을 받는다는 그의 주장은 당시로써는 매우 혁신적이었다고 해. 생태란 것이 유기체가 주변 환경과의 관계 맺고 있는 상태를 가리킨다고 볼 때 훔볼트야말로 현대 생태학의 창시자라고 부를 만하지. 훔볼트 – 다윈 – 헤켈로 이어지는 생태적 관점은 오늘날에 더욱 발전하고 있단다.

지금까지 우리가 살펴본 사람들의 공통된 주장은 바로 생명체들이 서로 연결되어 있다는 것이야. 당연한 말이지? 인간만 해도 그렇잖아. 우리가 살려면 밥을 먹어야 하는데 그 밥은 어디서 올까? 밥을 지으려면 벼가 있어야 하고 벼는 햇볕과 공기와 흙, 그리고 물이 없다면 자랄 수 없지. 거기다 꽃가루를 옮겨 주는 곤충이 없다면? 그뿐만이 아니지. 벼를 자라게 하는 기름진 흙은 또 어떻게 만들어지지? 온갖 생물들이 썩어서 만들어지는데 그러려면 미생물들이 있어야 하지. 이렇듯 밥 한 그릇에도 햇볕과 공기뿐 아니라 미생물을 포함하는 다양한 생명의 조화가 담겨 있는 거야.

생태학란 바로 이걸 연구하는 학문이란다. 유기체와 그들을 둘러싼 환경 사이의 촘촘한 관계를 이해하고자 하는 것이야. 오늘날 생태학은 자연 과학뿐만 아니라 정치 생태학, 사회 생태학 등 인문·사회 과학에서도 응용되고 있단다. 사람과 사람이 관계를 맺고 살아가는 사회 그리고 그들과 함께 세계를 구성하는 환경이 그만큼 중요해졌거든.

오늘날 '생태'라는 말은 자연뿐만 아니라 우리가 살아가는 사회를 이해하는 데도 무척 중요한 개념이 되었어.

생태학이란?

생태학은 영어로 'ecology', 독일어로 'Ökologie'라고 해. 어원은 고대 그리스어인데 '사는 곳', '집안 살림'을 뜻하는 '오이코스'(oikos)와 '학문'을 의미하는 '로고스'(logos)의 합성어이지. '집안 살림 관리'를 뜻하는 경제학(economics)과 어원이 같아. 생태학은 생물과 환경의 상호 작용을 연구하는 생물학의 한 분야로, 여기서 환경이란 생물의 주변을 구성하는 생물적, 비생물적 요소를 모두 포함해.

내 안에 깃든 자연,
자연 안에 깃든 나

생태의 개념이 근대 서양에서 학문적으로 정립되었다고 해서 그 이전이나 동양에서 그런 개념이 없었던 것은 아니야. 오히려 기원전으로 거슬러가야 할 만큼 오래되었지. 생태적인 생각이 갑자기 나타난 것이 아니라 오래전부터 인류의 마음속에 있었단다.

예컨대 석가모니는 2600년 전에 이미 '불살생'이라는 계율로 생명 존중, 나아가 생태의 문제를 이야기했어. 일례로 불교 경전인 『자비경』에는 '살아 있는 것과 살아 있지 않은 것들의 행복'을 비는 구절이 나온단다. 힌두교에서는 인간과 자연의 관계에 대해 다음과 같이 이해하고 있어. 모든 나무에는 목신이 살고 있는데 이 목신들은 이 세계의 궁극적인 실재가 드러난 모습이라고 말이야. 즉, 나무와 풀은 신의 또 다른 모습이라는 거지. 옛날 사람들도 비슷한 생각을 하고 있었던 거야.

오늘날 많은 사람들이 자연의 소중함을 느끼고 있어. 문제는 실천이겠지. 당장 누군가 "당신은 환경과 생태에 관심을 가지고 실천하고 있습니까?"라고 물으면 "그렇다"고 답할 수 있는 사람이 얼마나 될까. 게다가 나와는 상관없는 문제라고 느끼는 친구들도 많을 거야. 우리가 살아가는 사회는 무척 복잡하거든. 신경 써야 할 것들이 한둘이 아니잖아. 학원도 가야 하고 숙제도 해야 하고 TV도 보고 친구들과 게임도 해야 하지. 어떤 날은 하루가 너무 짧다고 느낄 만큼 해야 할 일이 많을 때도 있을 거야. 굳이 환경과 생태가 아니라도 우리의 관심을 끄는 게 많다는 뜻이야.

그런데 만일 내가 좋아하는 스마트폰 게임을 할 수 없다면, TV를 볼 수 없다면 어떨까? 그럴 리가 있을까 싶겠지만, 당장 전기가 없다고 생각하면 쉽게 상상이 갈 거야. 오늘날 우리가 누리는 편리한 생활은 대부분 전기에 의존하고 있어. 그런데 나중에 설명하겠지만, 지구가 몸살을 앓게 된 데 가장 큰 영향을 미친 것이 바로 전기를 만드는 석탄 화력 발전소라는 사실, 혹시 알고 있니? 보통 사람들은 편리하게 전기를 쓰기 위해 얼마나 많은 희생이 뒤따르는지는 잘 모르고 있지. 콘센트를 보면서 이산화탄소가 그곳에서 나오리라고는 상상도 할 수 없으니까 어쩌면 당연한 일이기도 해. 거기다 사람들은 당장 눈앞에 닥치지 않는 문제에 무관심하거든. 그래서 환경과 생태는 늘 뒷전으로 밀리곤 한단다.

하지만 영원한 풍요란 있을 수 없어. 이런 식으로 자연을 파괴하다가는 인류의 생존이 심각한 위협을 받을 거라는 것이 많은 전문가의 지적이야. 인류 역사상 그 어느 때보다 풍요로운 시기인 오늘날, 그 어느 때보다 지구 환경의 파괴가 심각하다는 점은 무얼 말해 주는 것일까?

세상에 공짜가 없다는 말이 아닐까? 그만큼 오늘날의 풍요가 환경과 생태의 희생 위에 서 있다는 얘기는 아닐까? 내가 곧 자연이고 자연이 곧 나라는 말, 이젠 조금 이해할 수 있겠지?

대량 생산,
대량 소비,
대량 폐기

오늘 우리들의 문명은 세 가지 표현으로 압축해서 말할 수 있단다. 대량 생산, 대량 소비, 대량 폐기야. 이 말을 들어 본 친구들도 있겠지만 만약 처음 듣는다 해도 가만히 생각해 보면 아마 무릎을 치게 될거야. 먼저 대량 생산과 대량 소비란 말부터 한번 생각해 보자. 오랜 시간 인류는 손을 사용해서 생활에 필요한 것들을 만들었어. 이걸 수공업이라고 하지. 그러다가 너희도 알다시피 산업 혁명을 계기로 인간의 노동력이 아닌 기계의 힘으로 물건을 만들기 시작했단다. 가히 혁명이라 할만했던 것은 생산량이 '대량'이었기 때문이지. 사람이 꼬박 며칠씩 걸려서 만들던 것을 아주 짧은 시간에 기계가 해결했으니까. 그러자 어떤 일이 벌어졌을까? 많이 만들어서 많이 팔면 그만큼 '이윤'이 많이 남잖아. 부를 축적할 수 있는 기회가 생긴 거야. 그러면서 사회에도 새로운 변화가 일기 시작했단다. 대량 생산과 대량 소비를 위해서는 모자라는 원료를 찾아내야 했고, 생산한 제품들을 더 많이 팔기 위해서 더 많은 땅이 필요했던 거야. 그게 바로 남아메리카를 비롯한 아프리카, 동남아시아로 강대국들이 벌인 식민지 개척이지. 식민지의 역사는 15세기 이후로 새로운 항로 개척을 위해 서양인들이 남아메리카 등으로 진출하면서 시작되었어. 너희도 이미 배워서 알고 있는 서양인들의 기술력과 자본, 선주민과 이주 노동자의 값싼 노동력이 결합된 플랜테이션 농업도 이런 식민지에서 시작되었던 거야. 이렇게 해서 대량 생산과 대량 소비는 지구 역사에 결코 반갑지 않은 모습으로 등장했단다.

　그렇다면 나머지 하나 대량 폐기는 뭐냐고? 만들어 쓰고 나서 그걸로 끝이라면, 불행 중 다행이란 표현이 어떨지 모르지만 그래도 덜 불행할 것 같은데 언제나 대량 생산과 대량 소비의 끝에는 대량 폐기가 따른단다. 그것이 눈에 보이는 쓰레기일 수도 있고, 눈에 띄지 않는 온실가스 같은 것일 수도 있어. 왜 오늘 우리들의 문명이 대량 생산, 대량 소비 그리고 대량 폐기인지 이제 이해가 되지? 이런 메커니즘은 대량 폐기로 그치는 게 아니란다. 식민지로 수탈당했던 많은 곳이 오늘날 최빈국 즉 가장 가난한 나라로 전락했단다. 특히 아프리카 대륙의 많은 나라들이 그랬어. 오랜 기간 식민지였던 곳은 서양인들의 소비를 위해 커피 같은 단일 작물을 재배하면서 땅이 황폐해져서 더 이상 농사가 불가능한 불모지로 변했고, 수많은 사람들이 굶주림에 시달리고 난민으로 전락했어. 부익부 빈익빈이라는 말, 아마도 들어 봤을 거야. 세계는 이로써 양극화의 길을 걷게 되었단다. 그러니 오늘날 소위 강대국이란 나라들은 가난한 나라들에 대해 윤리적, 도덕적 책임이 있다는 걸 잊어서는 안

돼. 여기서 또 한 가지 놓치지 말아야 할 것이 원료, 즉 자원 문제야. 지구의 자원은 한정되어 있어. 그렇다면 우리는 언제까지 지구의 자원들을 꺼내 쓸 수 있을까? 너희 나우루공화국이라고 혹시 들어 보았니? 어른들 가운데도 이 나라를 알고 있는 사람들은 별로 없더구나. 이 나라는 1970년대만 해도 웬만한 석유 재벌 국가에 맞먹을 정도로 부자였단다. 남태평양에 있는 아주 조그마한 나라인 나우루는 독일, 호주, 일본의 점령을 거쳐 1968년 독립했어. 이들이 이렇게 잘살게 된 배경에는 인산염이 있어. 바닷새들이 눈 똥과 산호초, 바닷물에 의해 만들어진 인산염은 고급 비료의 원료로 유럽 여러 나라에 불티나게 팔려 나갔지. 나우루 정부는 인산염 산업을 국유화했고 국민은 수익을 공평하게 나눠 가졌어. 교육, 의료, 세금 등이 다 무료였고 국민은 일하지 않았단다. 나라에서 받은 돈으로 최고급 자동차를 사서 짧은 해안도로를 할 일 없이 빙빙 돌아다녔어. 자동차가 고장 나면 도로에 그냥 버려두고 새 차를 샀다는 얘기가 있을 정도로 부를 만끽했던 것 같아. 농사도 짓지 않았어. 가까운 나라에서 들여온 인스턴트식품, 고기와 과일로 식탁을 채웠거든. 그래서 많은 나우루 사람들은 당뇨와 비만을 앓을 만큼 뚱뚱했단다. 이들은 뚱뚱한 것도 미덕으로 생각했어. 1990년대가 되면서 나우루 국토의 80퍼센트가 파헤쳐졌고 인산염은 바닥을 드러냈어. 그 뒤 나우루는 부채에 시달리기 시작했지. 2000년대 초, 나우루는 인산염이 빠져나간 텅 빈 땅이 됐단다.

한때 나우루공화국은 마피아의 돈 세탁처, 조세 피난처로 국제 테러리스트들에게 은신처를 제공하며 근근이 생활했어. 2001년부터 2008

년까지는 호주로 밀입국하는 사람들을 수용하는 수용소를 나우루에 짓는다는 조건으로 호주 정부로부터 경제 원조를 받기도 했단다. 직접 농사지어서 먹고살려 해도 땅이 망가져 회복이 불가능한 상태가 되었어. 나우루에서 직접 뭔가를 길러 먹는 일은 거의 찾아볼 수가 없단다. 대부분의 나우루 사람들은 통조림, 소시지, 초콜릿, 비스킷 등의 인스턴트식품에 의존하고 있대. 그러니 그들의 미래는 어떨까? 우리는 나우루에서 큰 교훈을 얻어야 할 것 같아. 무분별하게 자원을 소비해 버리는 생활의 끝은 결코 행복할 수 없다는 것을 말이야.

생명의 가치를
존중하면서
살아가는 세상

너무 비관적인 이야기만 한 것 같구나. 자, 그럼 이제 즐거운 상상을 한번 해 볼까?

지금 이곳은 숲 속에 있는 통나무집이야. 너희는 여기서 하룻밤을 지냈고 귓가에서 들리는 새소리에 잠이 깼어. 잠시 어리둥절했지만 곧 마음이 편안해졌지. 부연 빛이 스며드는 커튼을 걷으니 아침 해가 황금빛으로 찬란해. 간밤에 내린 비로 바깥 공기는 온통 말갛고, 싱그럽기까지 하지. 정말 기분이 상쾌해. 눈에 들어오는 풍경은 온통 짙푸른 초록이야. 돌돌 흐르는 계곡 물소리가 경쾌하게 들려오고. 그저 행복하다는 것 말고 달리 표현할 말이 떠오르질 않아. 딱히 설명할 길 없는 그런 행복감, 느껴 본 적 있니? 숲에서 하룻밤을 지내 본 친구라면 아마 이해할 수 있을 거야.

우리와 자연의 관계는 원초적이라고 해. 누가 가르쳐 주지 않아도 자연 앞에 서는 순간 행복을 느끼게 되지. 미국의 사회 생물학자인 에드워드 윌슨은 자연이 일깨우는 감정이 선사 시대 이전부터 인류의 기억 속에 있었다고 해. 어린 시절의 기억처럼 각자의 무의식에 남아 있다는 뜻이지. 사람들이 주말이면 자연을 찾는 까닭도 그래서일 거야. 지친 마음을 쉬고자 오래된 고향을 찾는 마음, 어머니의 품으로 돌아가는 마음 말이야.

그런 인간이 언제부터 자연과 멀어지기 시작한 걸까? 아마도 도시를 만들면서부터일 거야. 그래도 자연에 대한 그리움은 여전했기에 사람들이 숲을 도시 안으로 끌어들였지. 그게 정원이고 꽃밭이고 화분이야.

연구에 의하면 사람들이 가장 선호하는 풍경은 나무로 꽉 들어찬 숲보다는 사바나(열대 초원 지역)처럼 풀밭에 나무가 한두 그루 서 있는 풍경이라고 해. 우리가 흔히 정원 하면 떠올리는 모습이 엇비슷한 것도 그 때문인 듯해. 과거 사바나 같은 곳에 살던 인류의 기억이 우리 유전자 속에 남아 있는 것 같아. 그렇지 않다면 정원에 들어서면 느껴지는 원초적인 행복감과 편안함을 달리 어떻게 설명할 수 있을까? 자연은 갈수록 팍팍해지는 도시 생활을 하는 사람들에게 큰 위안이야. 그런 의미에서 곳곳에 산과 숲이 있는 우리나라의 자연은 축복이라고 할 수 있지.

자연환경이 인간에게 심리적으로 안정감을 준다는 건 분명한 것 같아. 과학적으로도 입증이 되었어. 심리학자들은 녹지가 사람들의 분노나 두려움을 줄인다고 해. 창밖으로 숲이나 나무를 보며 지낸 환자의 회복률이 그렇지 못한 환자보다 빨랐다는 연구 결과도 있단다. 자연이 내다보이는 감방 안에서 생활한 죄수의 범죄 재발률이 다른 곳보다 낮았다는 결과도 있어. 그만큼 자연환경이 인간에게 많은 영향을 미친다는 거야.

자연이 인간에게 주는 또 다른 선물은 바로 그 안에 살아가는 다른 생명과의 교감이야. 일례로 숲에 가면 나무는 물론 다람쥐, 새나 다양한 곤충들을 만날 수 있잖아. 살아 움직이는 모든 것들과 만나면서 우리는 살아 있다는 기쁨을 얻고, 생명의 조화로움과 안정감을 느껴.

아마 아주 옛날에 인간은 다양한 생명들과 함께 어우러져 지냈을 거야. 그런 기억들이 여전히 남아 있을 거고. 하지만 문명이 발달하고 인간이 자연과 멀어지면서 다른 생명과의 친밀감이랄까 유대감이 많이 약해졌지. 인간 우월주의랄까, 자연을 개발 대상이나 자원으로만 보는 생각들이 많아지면서 다른 생명들을 내몰고 있지 않나 하는 생각이 들어. 결국은 그런 무차별적인 자연 파괴가 부메랑처럼 인간에게 되돌아올 거라는 생각을 하지 못한 채 말이야.

내가 겪었던 일을 하나 이야기해 볼게. 어느 날 서울의 번잡한 곳이었어. 길 양쪽으로 음식점들이 즐비하고 그 가운데에는 도로가 놓여 있었지. 그 길을 걷다가 한 떼의 참새가 포르륵 날아오르는 걸 봤어. 예닐곱 마리쯤 되는 참새가 근처 나뭇가지에 올라앉더니 주변을 살피더라. 나는 정물처럼 멈춰서 그들을 관찰했지. 주변의 움직임이 사라지자 한 마리가 내려왔고 곧이어 나머지 새들도 땅으로 내려앉았어. 거기엔 과자 두어 개가 떨어져 있었고. 참새들이 그걸 부리로 쪼아 먹다가 인기척이 나면 또 포르르 날아오르기를 반복하고 있었던 거야. 그런데 그들의 즐거운 식사를 방해하는 건 다름 아닌 자동차였어. 차가 지나갈 때마다 자리를 비켜 줘야 하는 그들의 삶이 참으로 안쓰러웠지. 도시는 인간에게만 편한 곳이라는 생각이 들었어. 다른 생명체들이 살아가기에는 참으로 불편하고 어려운 곳이야.

도시의 빌딩숲은 또 어떻고. 빌딩 유리창에 비친 나무나 하늘이 진짜인 줄로 착각하고 날아와 부딪혀 죽는 새들의 숫자가 만만치 않다고 해. 특히 산이나 숲 가까이에 있는 고층 건물에서 이런 일이 빈번하다고 하는구나. 그래서 한때 '버드 세이버'라고 해서 독수리 등 맹금류 모양의 스티커를 빌딩 창문에 붙이는 운동이 전개된 적도 있어. 불투명 유리로 바꾸거나 유리창의 각도를 조절해서 반사율을 최소화하기도 하고.

생각해 보면 도시가 들어서기 전에 그곳은 숲이었을 거야. 인간이 살기 이전에는 다양한 생명체들이 살고 있었을 거고. 인간이 원래 주인은 아니었다는 거지. 그 땅에 인간이 도시를 세우고 빌딩을 지으면서 쫓겨나거나 바뀐 환경에 적응하지 못하고 사라지는 생명체들이 얼마나 많았을까?

생태는 생명체들이 유기적인 관계 속에서 존재한다는 점을 강조해. 즉, 인간도 하나의 생명이고 대자연 속의 일부라는 것이지. 다른 생명이 살지 못하는 곳에서는 인간도 살 수 없어. 생태계에서는 하나의 종이 홀로 살아갈 수는 없어. 다른 생명이 존재해야 나도 존재한다는 건 명백한 사실이지. 그동안 인간은 '만물의 영장'으로서 자연을 정복하고 자기만의 터전을 만드는 데 매진해 왔어. 그게 곧 발전이라고 생각했지. 하지만 그러는 사이 인간의 친구였던 숲과 다양한 생명들이 사라졌어. 이제 인간은 자연 속에서 외톨이가 된 것 같아. 친구도 없고 가족도 없는 그

참새들의 즐거운 식사를 방해하는 건
다를 아닌 자동차였어.
차가 지나갈 때마다 자리를 비켜 줘야 하는
그들의 삶이 참으로 안쓰러웠지.

런 존재 말이야.

지금이라도 늦지 않았으니 공존을 실천해야 하지 않을까? 인간만이 아닌 모든 생명이 가치를 존중받으며 살아가는 세상을 만들어야 해. 인간과 자연의 오랜 역사를 되새기면서 당장 눈앞의 편리함 때문에 우리의 존재 기반을 파괴하는 어리석은 실수를 반복하지 않는 게 중요해. 이게 바로 우리가 지금 여기에서 환경과 생태를 이야기하는 이유야.

2장

지구가

달라
졌어요

일찍 피어 버린
봄꽃들

우리가 살고 있는 환경 조건은 크게 두 가지에 의해 변하게 된단다. 하나는 자연, 흔히 천재지변이라고 하지. 바로 태풍이나 지진 또는 홍수·가뭄 등이야. 또 하나는 우리 인간들이야. 최근에는 기후가 급격히 변화하고 있어. 지구의 기후는 시간이 지나면서 서서히 변화해 왔지. 자연스러운 현상이야. 그렇지만 최근 기후 변화는 너무나 짧은 기간 동안 엄청나게 일어나고 있단다. 그 원인이 인간 활동이라는 결론이 내려지고 있지. 홍수와 가뭄, 가뭄으로 인한 산불, 점점 빈번하고 거세지는 허리케인과 태풍 같은 현상들의 주원인이 우리 인간의 활동으로 인해 발생하는 온실가스라는 거야. 그러니 이걸 천재지변이라고 볼 수는 없어. 아니, 오늘날 생물들이 처해 있는 환경 조건의 많은 부분은 우리 인간에 의해 좌지우지되고 있다고 보면 정확할 듯해. 그렇다면 의문이 들지 않니? 왜 인간에 의해 좌우되는 걸까? 인간이 대체 어느 정도로 영향을 끼치기에 신이나 할 수 있는 천재지변을 일으키는 걸까?

"봄바람 휘날리며 흩날리는 벚꽃 잎이 울려 퍼질 이 거리를 둘이 걸어요~"

너희도 잘 아는 '벚꽃 엔딩'이란 노래야. 해마다 봄이 되면 쉽게 들을 수 있는 노래지. 노래 가사처럼 우리는 아름답게 핀 꽃을 보면서 계절을 실감해. 개나리, 진달래, 벚꽃, 목련, 수수꽃다리, 장미……. 때가 되면 화려하게 피어나는 꽃을 보면서 우리는 자연의 아름다움에 감탄한단다. 변함없이 피는 꽃을 보며 자연의 신비를 느끼기도 하고 말이야.

그런데 2014년에는 벚꽃이 평소보다 일주일 이상 빨리 피었다는 사실을 알고 있니? 그래서 해마다 진해에서 열리는 군항제(벚꽃 축제)가 벚꽃 없이 진행되었다는구나. 게다가 기온이 갑자기 올라가는 바람에 시차를 두고 피어야 할 꽃들이 한꺼번에 피어 버리는 일도 벌어졌어. 보통 사람들은 그럴 수도 있지 하고 넘어가지만 과학자들은 이런 현상에 무척 민감하단다. 왜냐하면 꽃이 피는 시기는 기후 변화를 감지하는 데 중요한 척도가 되기 때문이야. 기온과 개화 시기는 밀접한 관계가 있으니까.

또한 꽃이 피는 시기는 그 자체로 생태계 전반에 영향을 미쳐. 꽃 피는 시기에 따라 곤충들의 움직임이 달라지기 때문이야. 그깟 곤충의 움직임이 뭐가 대수냐고 생각할지 모르지만 그렇지 않아.

"꿀벌이 사라지면 인류는 4년 내에 절멸할 것이다." 환경주의자도 생태학자도 아닌 과학자 아인슈타인이 한 말이야. 무슨 뜻인지 한번 살펴볼까. 전 세계 주요 농작물 가운데 70퍼센트 이상이 꿀벌의 도움을 받

"꿀벌이 사라지면 인류는 4년 내에 절멸할 것이다."

환경주의자도 생태학자도 아닌

과학자 아인슈타인이 한 말이야.

고 있단다. 알다시피 꿀벌은 식물의 꽃가루를 옮기는 역할을 하지. 가슴과 배, 특히 다리에 꽃가루를 잔뜩 묻히고 이 꽃 저 꽃 옮겨 다니는 거야. 이렇게 해야 식물이 열매를 맺을 수 있어. 이걸 '수분'(受粉)이라고 해. 작고 사소한 곤충이지만 엄청나게 중요한 역할을 하고 있는 거지.

아까 꽃이 피는 시기가 중요하다고 했는데 그 이유는 꿀벌을 비롯한 곤충들이 수분을 제대로 못 할 수도 있기 때문이야. 말하자면 곤충들도 일하는 때가 있는 법인데, 갑자기 여기저기서 꽃이 핀다거나 피어야 할 때 피지 않으면 제 역할을 못 할 수 있다는 거야. 수분을 하지 못하면 당연히 열매를 맺을 수 없고, 그렇게 되면 그 열매를 먹고 사는 다른 생명체들도 곤란해지겠지. 잘 알다시피 자연에 존재하는 모든 생물들은 서로서로 의지하면서 살잖아. 어느 한쪽이 빠지면 와르르 무너질 수도 있다는 거야. 기후 변화가 꽃 피는 시기에 영향을 미치고 이것이 생태계의 변화를 초래하는 것이지. 학자들이 꽃 피는 시기에 민감한 이유도 바로 이것 때문이란다. 이제 꽃을 보면 아름답다는 생각과 함께 왠지 고마운 생각이 들 것 같지 않니?

식지 않는
도시의 열기

여름의 불청객이라 불리는 열대야는 이젠 전국적인 현상이 되었어. 해가 지고 나면 선선한 바람이 불어야 정상인데, 도시의 밤은 전혀 그렇지가 않아. 시원한 숲 속 나무 그늘에서 맞는 여름밤과는 천지 차이지. 그런데 열대야는 왜 생기는 걸까? 그건 도시가 점점 더워지고 있기 때문이야.

낮에 신호를 기다리며 건널목에 서 있다 보면 차들이 지나갈 때마다 열기가 확확 느껴져. 그런데 정작 차에 타고 있는 사람은 시원하지. 모두가 차 안에서 에어컨을 켜고 있기 때문이야. 사무실도 마찬가지지. 에어컨을 켠 실내에서 일하는 사람은 시원한 정도를 넘어서 추워서 겉옷을 걸치고 생활하는데 정작 건물 바깥은 뜨거운 열기로 가득하잖아. 가정과 직장에서 없어선 안 될 필수품이 된 에어컨의 원리를 알면, 그게 괜한 기분 탓이 아니라는 걸 알 수 있단다.

에어컨은 바깥에서 공기를 빨아들인 다음에 이걸 냉매에 통과시켜서 찬 공기로 바꾸는 원리야. 그리고는 더운 실내 공기를 바깥으로 내보내지. 에어컨마다 실외기를 설치해야 하는 건 그때문이야. 말하자면 안은 차지만 바깥은 더 뜨거워지는 거야. 그런데 이렇게 뜨거워진 공기들이 도시에서는 빠져나갈 틈이 없다는 거야. 빌딩과 아스팔트로 둘러싸인 탓에 밤이 되어도 그대로 도심에 머물게 되는 열섬 현상이 나타나게 돼. 그래서 한여름 도시의 밤은 불면의 밤이 된단다.

그런데 이렇게 뜨거워진 공기 때문에 잠들지 못하는 건 사람뿐만이 아니야. 매미도 마찬가지야. 섭씨 28도가 넘어야 울기 시작한다는 말매미는 뜨거워진 밤에도 맹렬하게 울어 댄단다. 말매미는 맴맴 하다 잠시 쉬는 참매미와 달리 찌르르 찌르르 하고 끊임없이 울어서 더욱 신경이 쓰여. 온도가 내려가지 않으니 밤을 낮으로 착각하고 밤새 울어.

열대야와 철모르는 매미의 울음 때문에 잠을 설친 도시의 사람들은 어떤 생각을 할까? 나부터 에어컨을 켜지 말아야겠다고 생각할까, 아니면 얼른 돈을 벌어서 냉방 장치가 잘된 고급 아파트로 이사 갈 생각을 할까? 환경과 생태가 결국 욕망의 문제라고 말하는 이유를 이제 좀 알 수 있겠니?

한반도에서
사과가
사라진다면

과학자들이 예상하는 지구의 미래는 암울하기 그지없어. 2050년쯤 되면 한반도에서 사과나무는 더 이상 자라지 못할 거라고 해. 대신 키위가 사과처럼 흔한 과일이 된다나. 또 눈(자연설)도 사라질 거라고 해. 이 모든 게 기후 변화 때문이지. 우리나라가 아열대 기후가 된다는 거야. 아마 이 책을 읽는 너희들이 어른이 된 후엔, 겨울에 눈싸움을 했다거나 사과를 먹어 봤다거나 하는 일들을 전설처럼 얘기하게 될지도 몰라.

기후가 바뀐다는 것은 우리 삶의 조건이 바뀐다는 얘기야. 2014년 세계은행의 김용 총재는 기후 변화로 10년 내에 세계는 물 전쟁, 식량 전쟁을 겪게 될 거라고 경고한 바 있어. 대책을 세우지 않으면 지금의 풍요는 금세 사라질 거라는 얘기야.

너희는 잘 모를 수도 있겠지만, 어른들은 이미 기후 변화를 실감하고 있단다. 일례로 예전에는 장마가 짧았어. 장마가 지나면 맑은 여름

날씨가 이어졌었지. 그런데 최근엔 달라졌어. 기상청 자료를 보면 2013년 7월의 서울은 나흘 정도를 제외하고는 거의 매일 비가 내렸단다. 같은 시기에 제주도는 사흘 정도를 제외하고는 한 달 내내 열대야에 시달려야 했고. 모두가 이전에는 없었던 현상이야. 어른들은 이제 봄과 가을이 점점 짧아졌다고 해. 그동안 뚜렷했던 사계절이 춥고 더 춥고 덥고 더 더워지는 계절로 바뀌고 있다는 얘길 심심찮게 들을 수 있단다.

언제부터인가 서늘한 바람이 불고 둥근 보름달이 뜨던 추석에도 여전히 늦더위에 시달리고 있다는 사실을 알고 있니? 2014년 2월 경주에 내린 폭설로 오리엔테이션에 참가했던 대학생들이 희생되는 참사가 일어났어. 당시 부실 시공도 원인이었지만, 경주에 그토록 많은 양의 눈이 내린 것은 대단히 이례적인 일이라고 해. 그해 2월 동해안에는 103년 만의 폭설이 내렸거든. 같은 해 8월에는 경남 지역에 기록적인 폭우가 내리기도 했단다. 기후 변화가 우리에게 얼마나 가까이 와 있는지 실감이 나니?

역사 속에 나타난
기후 변화

    말을 타고 유라시아 대륙을 누비던 칭기즈칸에 대해선 다들 잘 알고 있겠지? 아시아에서 유럽에 이르는 넓은 땅을 정복하며 몽골 제국을 건설했던 인물이잖아. 그런데 칭기즈칸의 특급 무기가 말이나 칼이 아닌 날씨였다는 사실을 알고 있니?

    미국 국립과학협회보에 논문이 하나 실렸는데 그 내용은 다음과 같아. 연구자가 현재 몽골에서 자라는 나무의 나이테를 분석한 결과에 의하면 칭기즈칸이 제국을 건설할 무렵 몽골의 기후는 지금과 달랐다고 해. 역사상 가장 따뜻하고 습한 기후였다는 거야. 원래 몽골이 위치한 중앙아시아는 일교차가 크고 강수량이 적은 건조한 대륙성 기후가 특징이야. 연구자들이 보기에 이랬던 기후가 온난 다습해진 게 몽골의 정치적, 군사적 성장의 배경이 되었다는 거야. 좋은 기후 덕분에 13세기 초 몽골의 목초 생산량과 말을 포함한 가축 수는 엄청나게 증가했고 이것이 거대 제국 건설에 결정적인 요인이 되었다는 거지.

기후 조건이 인간 사회에 끼치는 영향력이 크다는 것을 증명하는 사례는 또 있어. 온도에 따라 성장 변화가 큰 잣나무의 나이테 분석 등 신뢰할 만한 자료로 재구성한 세계 온도 변화 그래프를 보면 11~12세기에 걸쳐 지구의 온도가 평균(16.5도)보다 0.5도가량 높았다고 해. 이 시기 유럽은 먹을 것이 풍족했고 경제가 부흥하고 도시가 발달했으며 예술과 문화가 꽃피기 시작했어. 그런데 14세기 중반부터 지구의 온도가 다시 내려가기 시작해서 19세기 중반이 되면 평균 온도보다 크게는 1도가량 낮아져. 특히 '소빙기'로 불리던 17세기에 가장 낮았어. 그런데 이때 전 세계적으로 어떤 일이 벌어졌는지 아니? 식량 부족으로 곳곳에서 농민 봉기가 일어났어.

예컨대 17세기 중반(1630년경) 중국은 추위는 물론 기록적인 가뭄까지 겪었어. 관료의 부정부패로 민중의 삶은 더욱 피폐해졌고, 먹고살기 힘들어진 민중들의 반란으로 막강했던 명나라 왕조는 쇠락의 길을 걷게 되지. 한반도도 예외가 아니었단다. 『조선왕조실록』은 현종 때의 경신 대기근(1670~71년)과 숙종 때의 을병 대기근(1695~96년)에 대해 기록하고 있어. 경신 대기근은 임진왜란을 겪은 노인들도 "전쟁 때도 이것보다는 나았다"고 할 정도였다는구나. 보통 기근은 지역적으로 발생하는데 이때는 조선 팔도 전체가 흉작이라는 초유의 사태가 발생했던 거야. 조선은 을병 대기근으로 또 한 차례 참혹한 상황이 벌어졌단다.

비슷한 시기에 영국은 그 유명한 청교도 혁명이 일어났고 독일은 30년 전쟁이 일어났단다. 전 세계적으로 농민 반란이 일어났는데, 러시아의 스텐카 라진의 난, 중국의 이자성의 난, 프랑스는 프롱드의 난 등이 있단다. 이 시기 유럽은 유난히 겨울이 춥거나 여름이 습해 흉작이 이어졌어. 이것이 기후에 의한 피해라는 사실을 알지 못했던 사람들은 '마녀의 저주'에 걸렸다고 생각했지. 애꿎은 여자들을 잡아다 고문하고 화형에 처하는 '마녀사냥'이 벌어졌어.

전 세계적으로 일어난 이런 혼란이 지구의 온도 변화 때문이라고 단정 짓기에는 무리가 있을 수도 있어. 하지만 당시 갑작스러운 기후 변화로 가뭄, 홍수, 냉해 등이 발생하면서 극심한 피해를 봤다는 사실만은 분명하단다.

기후 변화로
신음하는 세계

다행히도 특별한 경우를 제외하고 지구의 온도는 대체로 안정적이었어. 문제는 20세기 후반에 들어서면서 빠른 속도로 높아지고 있다는 거야. 앞에서 말했던 14세기 중반부터 19세기 중반까지 기온의 변화가 0.5도에서 1도 사이였는데도 엄청난 피해를 불러일으켰던 것, 기억하지? 그런데 산업 혁명 이후 지금까지 지구의 온도가 0.85도나 올랐다는 거야. 겨우 100년 남짓한 시간 동안 말이야. 이것이 바로 전 세계가 모여서 지구 온난화를 어떻게 해결해야 할지 머리를 맞대는 이유야. 아주 작은 기온 변화도 엄청난 재앙을 불러올 수도 있다는 걸 알게 되었기 때문이지. 그럼 이제 오늘날 전 세계에서 벌어지고 있는 이상 기후를 살펴볼게.

도시 전체가 물에 잠긴 뉴올리언스

2005년 8월 초대형 허리케인 카트리나가 미국 뉴올리언스를 덮쳤단다. 제방이 무너지면서 도시의 80퍼센트가 침수됐고, 확인된 사망·실종자만 2500명에 이른다고 해. 이재민 110만 명, 거기다 재산 손실도 1080억 달러에 달해 미국 역사상 최악의 자연재해로 기록됐단다. 뉴올리언스는 해수면보다 낮은 지형적 특성에다 허리케인이 자주 발생하는 지리적 위치 때문에 그동안 여러 번 재해를 겪었지만, 그때마다 잘 넘어갔었어. 그런데 카트리나의 위력이 예상을 훨씬 뛰어넘었던 거야. 초대형 허리케인을 경고하는 목소리가 있었지만 설마 했던 거지.

결과는 참혹했어. 전기와 상하수도 시설이 마비되고 통신은 끊겼고 수많은 사람들이 구조되지 못하고 고립돼 죽어 갔어. 도시에 들어찬 물은 2주 넘게 빠지지 않았어. 수용 능력을 넘어선 대피소는 제구실을 못했고 의약품과 구호품이 제대로 전달되지 않았어. 치안이 무너져 상점이 약탈당하고 폭력 사태가 이어지는 등 도시 전체가 무정부 상태가 되었단다. 이후 뉴올리언스를 떠나는 시민들의 기나긴 행렬이 뉴스에 소개되기도 했지. 다급해진 정부가 6500명의 병력을 투입하고 나서야 겨우 진정됐어. 대재난 이후 뉴올리언스 인구가 절반으로 줄었다고 하니 엄청나지. 오늘날 자연 재난이 곧바로 사회적 재난으로 이어진다는 걸 잘 보여 주는 사례야.

히말라야가 흘리는 눈물

히말라야는 남극과 북극에 이어 '제3의 극'으로 불리는 곳이야. 지구 상에서 빙하가 가장 집중적으로 형성된 곳이지. '눈의 거처'라는 뜻인 히말라야에는 그 유명한 에베레스트 산을 비롯해 8000미터 이상의 높은 산이 무려 열네 개나 있단다. 히말라야의 만년설과 빙하는 세계 인구 40퍼센트 가까이 모여 사는 히말라야 주변국들의 상수원이야. 만년설과 빙하가 녹은 물은 서서히 흐르면서 농업용수와 식수로 쓰이고 있단다. 히말라야 인근에서 살아가는 사람들에게는 그야말로 생명의 젖줄인 셈이지.

히말라야는 또한 자연의 아름다움을 고스란히 담고 있단다. 만년설 아래 빛나는 에메랄드빛 호수들은 얼마나 맑고 고요한지! 이 풍경을 한 번이라도 본 사람은 절대 잊을 수가 없어. 그런데 이런 호수들이 계속 커지고 있다고 해. 혹시 '히말라야의 눈물'이라는 말 들어 본 적 있니? 지구 온난화로 히말라야의 만년설과 빙하가 빠른 속도로 녹고 있다는 걸 표현한 말이야. 현지인들의 표현을 빌자면 호수가 마치 아이를 밴 엄마처럼 배가 점점 불러오는 것 같다고 해. 그러다가 예고 없이 호수가 터지기도 하는데 이를 일컬어 '빙하 쓰나미'라고 한단다.

지금까지 중국, 네팔, 파키스탄 등 히말라야 인접 국가에서는 60번 이상의 빙하 쓰나미가 발생했어. 충격인 것은 이런 빙하 쓰나미의 가능성이 있는 호수들이 적어도 2만 개 이상이라는 거야. 그 아래에 사는 사람들은 머리에 시한폭탄을 이고 사는 셈이지. 얼마나 불안할까? 그렇지만 당장 할 수 있는 일이란 그저 히말라야 신께 기도하는 것뿐이란다. 히말라야 고산 지대 사람들은 척박한 환경에도 자연에 순응하며 사는 가난한 사람들이야. 착한 사람들이 이런 재난을 당해야 한다는 사실이 그저 안타까울 뿐이지.

그런데 왜 이런 일이 생긴 걸까? 어쩔 수 없는 천재지변인 걸까? 잘 생각해 보면 그 이유를 알 수 있어. 잘사는 나라 사람들이 에너지를 펑펑 써 댄 결과야. 전기 생산이나 자동차 운행 또는 시설물 건설에 쓰이는 각종 화석 연료가 지구 온난화를 부추기고 있거든. 혜택은 잘사는 나라 사람들이 누리고 피해는 가난한 사람들이 보는 셈이지.

세상엔 두 종류의 나라가 있다고 해. 억울한 나라와 억울하지 않은 나라. 아마도 히말라야 주변국들은 전자에 해당하겠지? 지구 온도가 올라가 눈과 얼음이 녹아내리는 일은 비단 히말라야에서만 벌어지는 일이 아니야. 킬리만자로의 만년설, 안데스의 코토팍시, 알래스카 산맥의 매킨리, 알프스의 마터호른 등의 만년설과 빙하들도 지금 이 시각, 힘없이 무너져 내리고 있단다.

사라진 알래스카의 호수

서울 잠실에 있는 석촌호수 주변에 싱크홀이 발생한 사실을 알고 있지? 초고층 건물이 들어서면서 호수의 물이 줄어드는 한편 자꾸 주변 땅이 꺼지는 바람에 주민들이 불안해하고 있잖아. 갑자기 땅 밑이 꺼진다고 생각해 보렴. 등골이 오싹하지 않니? 서울 같은 대도시는 토목 공사가 그 원인이지만 자연 상태에서도 싱크홀은 생긴단다.

영구 동토층이라고 해서 한여름에도 녹지 않는 얼음 땅이 있어. 알래스카를 비롯해 캐나다 북부, 시베리아, 알프스, 티베트의 고지대 등에 존재하지. 그런데 최근에 이 동토층이 빠른 속도로 녹고 있대. 얼어붙은 땅이 녹으면 어떻게 되겠어. 땅이 푹 꺼지는 싱크홀 현상이 발생하는 거야. 실제로 2005년 알래스카에서는 하룻밤 새 호수가 사라져 버리기도 했어. 크위길링곡 호수를 떠받치고 있던 동토가 녹으면서 마치 욕조의 마개를 빼버린 것 같은 현상이 발생한 거야. 주요 식수원이었던 호수의 물이 사라진 것뿐만 아니라 도로가 붕괴되고 주차장이 함몰되는 등의 피해도 입었어. 알래스카 지역은 선주민 마을의 84퍼센트인 184곳이 기후 변화로 인한 홍수와 침식의 영향을 받고 있다는구나. 이 때문에 시스마레프, 뉴톡, 키발리나 등의 마을은 아예 집단 이주를 추진하고 있어. 그런데 비용이 무려 4억 5000만 달러(약 4800억 원)나 든다고 해. 알래스카 주 정부가 이 문제를 해결하려고 노력하고 있지만 역부족이라는구나.

이보다 더 심각한 문제는 바로 알래스카 지역을 가로지르는 송유관이야. 1977년 완공 당시에는 영하 60도의 혹한과 지진에 대비했지만, 영구 동토가 녹아서 문제가 될 거라는 생각은 못 했단다. 송유관의 길이가 1440킬로미터에 달하는데 이 가운데 75퍼센트가 동토층을 지난대. 만약 송유관을 에워싸고 있는 동토층이 녹으면 어떻게 될까? 송유관 파손은 물론 새어 나온 석유로 토양 오염 등 심각한 문제가 생길 테지? 여기에 대한 대비책이 필요한 상태야.

원주민? 선주민!

일반적으로 '원주민'이란 말을 많이 쓰는데 이 책에선 '선주민'이란 용어를 사용했어. 선주민

은 먼저 살던 사람이란 뜻이지. 원주민은 그 지역에 본디부터 살던 사람이란 뜻이고. 사실 그
곳에 원래 누가 언제부터 살았는지를 정확히 따지기란 쉽지 않지. 그런 의미에서 원주민보다
는 선주민이 더 공평하고 정확한 말인 것 같아.

지구 최대의 환경 재해-아랄 해

상전벽해(桑田碧海)라는 말 들어보았니? 뽕나무밭이 바다로 변한다
는 뜻으로 거대한 변화를 나타내는 말이지. 그런데 현실에서 진짜로 그
런 변화가 일어나고 있단다.

아랄 해는 불과 50년 전만 해도 세계에서 네 번째로 큰 호수였어.
호수면서 아랄 '해'로 불린 건 물속에 염분도 많았지만 크기가 남한 정
도로 컸기 때문이야. 카스피 해의 동쪽, 건조한 중앙아시아 중심부에 자
리한 아랄 해는 1960년까지만 해도 수위가 해발 53미터, 면적은 6만
8000제곱미터에 이르렀단다. 어류가 풍부해서 중앙아시아에서 아랄 해
근방은 가장 부유한 지역이었어. 이랬던 아랄 해가 황폐화되기 시작한
건 20세기 후반, 인간이 마음대로 물길을 바꾸면서부터야.

옛 소련 시절, 목화 생산량을 늘리기 위해 아랄 해로 흘러들던 시르
다리야 강과 아무다리야 강의 물길을 돌리고 댐을 세웠단다. 흘러들던
유일한 물길이 막히자 아랄 해의 수위는 낮아졌지. 2000년대 들어 전체
수량의 90퍼센트가 줄어 '지구의 가장 충격적인 환경 재해'라는 불명예
를 안게 되었어. 물이 줄어든 만큼 염도가 높아지니 물은 마실 수조차
없게 되었어. 생태계도 파괴되어 철갑상어, 돌잉어, 유럽잉어 등의 어류
는 멸종했지. 아랄 해가 메말라 가면서 주변 지역의 기후도 달라졌단다.

겨울은 더 추워졌고 여름은 더 무더워졌어. 이 재난을 통해 우리는 바다가 기후 조절에 중요한 역할을 한다는 사실도 알게 되었단다.

사막에 내린 폭설

사막 하면 제일 먼저 뭐가 떠오르니? 모래바람, 햇빛, 사막을 건너는 카라반(낙타나 말에 짐을 싣고 다니며 교역을 하는 상인들)의 행렬도 떠오를 수 있겠구나. 거기에 덧붙여 이집트의 스핑크스와 피라미드도 떠오르겠지. 그런데 이런 사막에 눈이 내린다면 믿을 수 있을까?

2013년 12월 이집트에서 실제로 벌어진 일이란다. 112년 만에 무려 50센티미터나 되는 눈이 내린 거야. 이집트뿐 아니라 예루살렘에도 70년 만에 폭설이 내렸어. 중동 지역 전체가 이상 기후를 보였는데 요르단과 시리아 등에서는 폭설과 함께 폭풍우인 '알렉시아'가 몰아치면서 수만 명의 이재민까지 발생했단다. 3만 5000여 가구가 정전 피해를 입고, 주요 고속도로가 폐쇄되고 항공기 운항이 중지됐어.

비슷한 시기인 2013년 말부터 2014년 초에 미국과 캐나다는 혹한에 시달렸단다. 캐나다에는 프리징 레인(freezing rain)이 내렸어. 하늘에서 액체 상태로 비가 내리다가 바닥이나 지붕, 나뭇가지에 닿자마자 얼어버리는 현상인데 그 무게가 엄청나서 나무는 물론 전신주들도 쓰러졌다는 거야. 토론토에서는 이때문에 일주일이나 정전 사태가 벌어졌어.

미국의 뉴욕에서는 영하 50도, 체감 온도 영하 70도까지 내려가는 엄청난 한파로 20명이 넘는 사망자가 발생했지. 미국과 캐나다의 경계인 나이아가라 폭포가 꽁꽁 얼어붙을 정도였단다. 사막에 내린 눈과 체감 온도 영하 70도의 한파, 어쩌 재난 영화 〈투모로우〉(2004년)의 한 장면 같지 않니?

바닷물에 잠기는 섬나라

투발루, 몰디브, 키리바시공화국 같은 나라들의 이름을 들어 보았을 거야. 해수면 상승으로 이 나라들이 점점 바닷물 속으로 잠겨 가고 있다는 사실이 언론에 자주 보도되고 있으니 말이야. 2015년 8월 키리바시공화국의 아노테 통 대통령이 우리나라를 찾았단다. 기후 변화 피해를 알리고 온실가스 감축을 호소하려고 말이야. 투발루를 다녀온 한 방송국 피디의 말을 들으니 상습 침수 지역인 저지대에는 가난한 사람들이 산대. 뉴올리언스 카트리나 사태 때도 빈민들이 사는 지역의 피해가 컸다는 점을 생각하면 기후 변화의 영향도 빈부 격차가 있다는 걸 알수 있어. 해수면 상승은 지구 온난화 때문이고 이는 잘사는 나라들이 쏟아내는 탄소의 영향 때문이야. 그 때문에 피해를 보는 투발루나 몰디브 같은 작은 섬나라들은 무슨 죄인지 모르겠구나.

지난 20세기에 해수면은 약 10~20센티미터 상승했고, 그 속도는 점점 빨라져 21세기 말이면 전 지구 평균 해수면이 1990년에 비해 90센티미터까지 상승할 수 있다는 전망도 나오고 있어. 우리야 1미터쯤은 둑을 쌓으면 된다고 쉽게 생각하겠지만, 해발 고도가 낮은 나라들은 생존이 걸린 문제란다.

슈퍼 태풍 하이옌

2015년 새해 벽두에 프란치스코 교황은 필리핀의 타클로반을 찾았단다. 그곳은 2년 전 슈퍼 태풍 하이옌으로 큰 피해를 입은 지역이야. 시속 379킬로미터의 바람과 6미터 높이의 해일이 훑고 지나간 자리는 쑥대밭으로 변했어. 약 1만 2000명의 사상자, 420만 명 이상의 이재민들이 생겼지. 재산 손실만 140억 달러에 이른다고 해. 필리핀 기상 관측 사상 가장 강력한 태풍으로 기록된 하이옌으로 170만 명의 어린이가 난민이 되었고, 이 아이들은 노동 착취, 학대, 인신매매, 질병 등의 위험에 무방비로 노출되었어. 2년이 지난 지금도 당시의 상처는 여전히 깊어 보였단다. 교황의 방문은 이재민들에게 위로의 말을 전하기 위해서였어.

이런 '슈퍼 태풍'의 등장에 대해 기상학자들은 기후 변화를 그 원인으로 지목하고 있어. 앞으로 이런 일은 더 자주 생길 거라는 암울한 예측도 내놓고 있지. 기후 변화는 이렇듯 사회 기반을 흔들며 생존권을 위협하는 재앙으로 찾아올 수도 있다는 사실을 알아야 해.

지구의 경고-사막화

몽골의 수도 울란바토르는 애초에 인구 50만의 도시로 설계되었지만, 초원에서 이주한 유목민들 때문에 현재 130만 명 가까이 인구가 늘었다고 해. 자연스레 도시 문제가 심각해졌지. 도로는 항상 차들로 막혀 있고, 공기는 나빠졌어. 일거리를 찾지 못한 유목민들은 도시 빈민으로 전락했어. 초원에서 살던 사람들이 도시에서 마땅히 할 일을 찾지 못한 거야. 초원에서 수의사였던 사람은 가축 대신 고물을 만져야 했고, 또 어떤 이는 게르(몽골족의 이동 가옥) 대신 도시의 맨홀 안에서 잠을 자는 노숙자 신세가 되었단다. 왜 이런 일이 생긴 걸까?

바로 기후 변화로 인한 사막화 때문이야. 푸른 초원의 생명줄인 1166개의 호수와 887개의 강이 거친 속살을 드러내며 바싹 말라 버렸어. 그러니 유목민들이 더 이상 살지 못하고 도시로 온 거야. 마치 전쟁을 피해 몰려든 난민 같다고 해서 이들을 '사막 난민'이라고 하지.

중국은 매년 서울 면적의 4배인 2460제곱킬로미터의 땅이 사막으로 변하고 있대. 일례로 중국 내륙의 간쑤 성 민친 현은 텅거리 사막과 파단지린 사막 사이에 있는 오아시스 도시였단다. 그만큼 물이 풍부했던 곳이지. 그런데 지금은 전체 토지 가운데 94.5퍼센트가 황무지나 사막으로 변해 버렸다고 해. 멀쩡하던 마을이 모래에 파묻히고 사람들은 삶의 터전을 잃어버렸어.

몽골과 중국 내륙의 사막화는 우리나라와도 관련이 있단다. 해마다 봄이면 불어오는 황사가 바로 그것이야. 사막에서 만들어진 모래 먼지는 작고 가벼워서 바람을 타고 아주 멀리까지 갈 수 있단다. 강한 바람이 불어닥치면 어마어마한 모래 먼지 폭풍이 일어나 집을 무너뜨리기도 하지. 몽골이나 중국의 사막에서 불어온 모래 먼지는 우리나라는 물론 일본과 미국까지 영향을 미친단다.

이런 사막화가 최근에 급증하고 있는 이유는 무엇일까? 그건 바로 인간이 숲을 없애 버렸기 때문이야. 나무가 자라는 땅은 결코 사막이 되지 않아. 뿌리가 흙 알갱이를 붙잡고 있고, 하늘에서 내리는 비를 촉촉

몽골과 중국 내륙의 사막화는
우리나라와도 관련이 있단다.
해마다 봄이면 불어오는 황사가 바로 그것이야.

사진 _ 푸른 아시아 제공

하게 머금을 수 있기 때문이야. 그런데 무분별한 벌목이나 방목 등으로 숲이 사라지면 어떻게 되겠어. 당연히 땅의 물도 사라지겠지. 그러면 강도 메마르고 그러면 또 나무가 자랄 수 없게 되고, 이런 악순환이 계속 되면서 결국 물 한 방울 찾을 수 없는 사막으로 변하게 되는 거야.

원래 아프리카는 지금처럼 사막이 많지 않았어. 이곳의 땅이 척박 해진 것은 유럽인들이 식민지를 건설하기 시작한 19세기 후반부터야. 이들은 돈을 벌기 위해 아프리카 곳곳에서 열대 우림을 밀어내고 그 위에 커피, 마리화나 등의 작물들을 심었어. 생산성을 높이기 위해 다른 나무를 죄다 없애고 작물을 키우려고 농약을 치다 보니 땅은 점점 척박 해졌단다. 농장이 있던 자리는 결국 불모지가 되고 농사지을 땅이 줄어 든 선주민들은 가난의 수렁으로 빠져들었지.

미세 먼지의 위협

사실 미세 먼지는 기후 변화의 징후는 아니야. 그렇지만 미세 먼지를 일으키는 산업화가 기후 변화에 큰 원인이기 때문에 여기서 함께 다루기로 할게.

중국은 해마다 고도성장을 거듭하고 있어. 경제가 발전한다는 것은 좋은 일이지만 문제는 산업화, 공업화로 인한 피해가 만만치 않다는 거야. 대표적인 게 바로 미세 먼지란다. 공장에서 배출하는 유해 가스와 자동차 매연이 주요 원인인 미세 먼지는 사람들의 건강을 위협하고 있어. 이건 중국만의 문제가 아니란다. 그 피해를 우리나라도 입고 있어. 중금속으로 오염된 미세 먼지가 편서풍을 타고 중국에서 건너오고 있거든. 그런데 미세 먼지는 꼭 중국 탓만이 아니란다. 우리나라 서해안에 엄청난 수의 석탄 화력 발전소가 있어. 인천, 당진, 태안 등에서 발생한 미세 먼지가 전국을 뒤덮는 거지. 최근 우리나라 하늘을 뿌옇게 만들고 있는 건 황사보다는 미세 먼지가 원인인 경우가 더 많을 거야. 이들은 크기가 워낙 작아서 걸러지지가 않아. 호흡기를 타고 들어와 폐에 쌓이게 되고 각종 질병을 일으키게 되지. 중국이 공업화되기 이전, 모래바람은 우리나라에 이득을 주는 고마운 존재였어. 우리 땅에 부족한 미네랄을 포함하고 있어 땅을 기름지게 했거든. 그런데 지금은 사정이 달라진 거야. 미세 먼지는 유용한 미네랄보다 석탄과 석유 같은 화석 연료를 쓸 때 만들어지는 각종 중금속 물질들을 훨씬 많이 포함하고 있기 때문이지.

미세 먼지는 우리 건강에 해로울 뿐만 아니라 지구환경에도 영향을 미친단다. 미세 먼지 중에 탄소 성분이 들어 있는 검댕은 햇빛을 흡수하고 온도를 높이고 빙산에 달라붙어 빨리 녹게 해. 빙산은 햇빛을 반사시키는 역할을 하는데 이게 점점 사라짐으로써 온난화는 심해져.

미세 먼지는 바다에 내려앉아 해양 생태계도 병들게 한단다. 플랑크톤 안에 스며들고 이를 먹이로 하는 물고기들, 이 물고기를 먹는 더 큰 물고기들……, 이런 식으로 이어져서 결국 최종 포식자인 인간의 몸에 더 많은 미세 먼지가 쌓이게 된단다. 흔히들 산업화, 공업화가 인류의 생산력을 증대시켜 풍요를 가져다준 것으로 여기잖아. 그런데 그 대가에 대해서도 생각해야 하지 않을까?

3장

인류를
위협하는

환경
생태
문제

먹을거리

2006년 11월 어느날, 미국에 사는 한 양봉업자는 자신이 소유한 벌통 가운데 400개의 벌통에 벌이 한 마리도 없다는 사실을 발견했어. 할아버지 때부터 가업을 이어 오고 있던 이 양봉업자에게 닥친 이 황당한 사건은 알고 보니 자기만 겪은 일이 아니었어. 이미 1990년대부터 양봉인들 사이에서 알려진 일이었단다. 벌들이 감쪽같이 사라지는 이런 '벌집 군집 붕괴 현상'으로 미국뿐만 아니라 유럽, 일본 등 세계 전역에 비상이 걸렸어. 벌 좀 사라졌기로 서니 웬 호들갑이냐고? 거기엔 나름의 이유가 있단다.

오랜 시간 벌을 키워온 양봉업자는 온갖 일들을 다 경험했대. 겨울에 굶어 죽은 벌들도 보았고, 지독한 박테리아에 감염된 벌통을 모두 불태워 버리기도 했어. 곰이나 도둑에게 벌통을 빼앗긴 적도 있었지. 최근엔 작은 벌집딱정벌레나 바로아진드기, 기관진드기 같은 것들로 피해를 입기도 했다는구나. 하지만 2000만 마리나 되는 꿀벌이 감쪽같이 사라진 일에 비하면 아무것도 아니었지. 마치 진공청소기로 빨아들인 것처럼 벌의 흔적조차 찾을 수 없었기 때문이야.

양봉업자들은 꿀을 생산하는 것만큼 중요한 일을 하는데 바로 과수원이나 야채 농장에 벌들을 빌려주는 거야. 비나 바람, 혹은 다른 곤충이나 동물들도 꽃가루를 옮기는 역할을 하지만 꿀벌만큼 효과적이지는 못하단다. 특히 아몬드 같은 작물은 꿀벌에 의존하고 있는데 벌이 예전만큼 많지 않아 양봉업자들의 도움 없이는 제대로 된 열매를 생산할 수 없다는구나. 그래서 이들을 일컬어 '벌을 지키는 사람들'이라고도 해.

미국 양봉업자의 벌들은 매년 2월이면 캘리포니아 아몬드 나무를 시작으로 3월엔 플로리다 주 감귤나무의 수분을 돕고, 4월과 5월에는 펜실베이니아 주의 사과나무, 6월엔 메인 주의 블루베리, 7월엔 펜실베이니아 주에서 호박의 수분을 도왔대. 사실 우리에게 꿀을 선사하는 꿀벌은 이런 먹을거리를 만드는 데 꼭 필요한 존재야. 쉼 없이 이 꽃 저 꽃을 돌아다니는 꿀벌 한 마리가 우리의 삶과 밀접한 관계에 놓여 있는 것이지.

아무튼 벌이 사라지자 과학자들이 원인을 찾기 시작했어. 당시 이런저런 조사와 연구를 해 본 결과 벌이 사라지는 원인은 한 가지로 규명할 수 없다는 결론에 이르렀지. 그런데 여러 원인 가운데 농약이 한 원인이라는 게 밝혀졌단다. 살충제가 꿀벌이 사라지게 한 원인 가운데 하나였다는 거야. 당시 문제가 된 네오니코니노이드 성분이 들어간 살충제는 저독성으로 개발 당시 좋은 평가를 받았기에 그 충격은 더했지. 해충만 없앨 거라 생각했는데 그게 아니었던 거야. 과학자들은 살충제가 벌만 죽인 게 아니라 식물 조직에까지 스며들어 인간에게도 독성이 전달된다는 사실을 알게 되었어. 이 때문에 유럽연합에서는 이 농약의 사용 금지를 검토했단다.

인간은 자신들에게 치명적인 해를 입히는 물질을 만드는 유일한 존재야. 레이첼 카슨이 쓴『침묵의 봄』(1962년)에 보면 정말 많은 화학 물질들이 나와. 개발 당시의 목적은 인간에게 유용하게 쓰려는 것이었지만 결과는 정반대였어. 인간은 물론 동식물과 생태계를 파괴하고 오염시켰지. 인간의 오만과 독선이 빚어낼 참혹한 결과에 대해 레이첼 카슨은 이렇게 경고했어. "애벌레가 사라진 봄에 새들의 지저귀는 소리를 들을 수 없는 침묵의 봄이 도래할 것이다."

생태계는 다양한 생명체가 관계를 맺는 거대한 그물에 비유할 수 있어. 그런데 그물코가 하나둘 뚫리기 시작하면 어떻게 되겠니? 결국엔 그물이 망가질 거라는 당연한 사실을 우리는 자주 잊는 것 같아. 소리 없이 사라져가는 꿀벌들은 온몸으로 경고하고 있지. 생명이 자유로이 돋고 자라고 움직일 수 있도록 제발 모든 것들을 있는 그대로 내버려두라고.

벌집과 태양

벌집 군집 붕괴 현상의 원인에 대해서는 지금까지 정확히 규명되지 않고 있어. 과학자들은 살충제, 서식지 파괴, 기생 진드기, 질병, 오염, 바이러스, 전자파 등의 요인이 복합적으로 작용하는 것으로 보고 있지. 태양 흑점의 활동이 벌들의 방향 감각에 영향을 미쳐 벌집으로 돌아오지 못하게 하는 것이라는 연구 결과도 있어.

식품 첨가물

점심을 먹고 나서 혹은 늦은 밤 출출할 때 너희는 곧잘 군것질거리를 찾게 되지. 과자, 라면, 패스트푸드 등 이미 만들어진 음식들은 손쉽게 먹을 수 있어 편리하지. 하지만 편한 만큼 우리 몸에 해롭다는 사실도 알고 있니? 지금 너희 손에 과자 봉지가 들려 있다면 잠깐 책 읽기를 멈추고, 원재료와 주요 함량이 적힌 부분을 잘 살펴보렴. 내가 가게에서 사온 크림빵 하나에는 이렇게 많은 재료들이 쓰였더구나.

밀가루(밀/캐나다, 미국산), 모카 크림(가공 버터/뉴질랜드산), 쇼트닝, 식품 유지 팜유, 팜올레인유/말레이시아산, 당류, 가공품, 설탕, 물엿, 커피① /(콜롬비아산) 커피② /(브라질산), 설탕, 마가린[경화팜유, 유지방, 정제수, 정제 소금, 프로필렌글리콜지방산, 에스테르, 레시킨(대두)], 계란(목초란/국산), 난황(목초란/국산), 혼합 분유(우유), 효모, 식염, 커피③ /(콜롬비아산), 기타 가공품, 합성 착향료(커피향), 캐러멜 색소, 혼합제제 식품 첨가물(소맥분, 유화제, 불활성 효모, 비타민C, 효소 제제, 물엿)

65그램짜리 빵 하나에 무려 40여 개나 되는 원료와 첨가제가 들어 갔어! 게다가 알 수 없는 것들 투성이야. 밀가루나 설탕은 알겠지만 합성 착향료, 기타 가공품, 혼합 제제 식품 첨가물 등이 뭔지 정확히 아는 친구들은 드물걸? 이제부터 설명할 테니 잘 들어 봐. 적어도 내가 무얼 먹고 있는지는 알아야 하지 않겠니.

국어사전에 의하면 식품 첨가물이란 "식품의 제조, 가공 또는 저장성 향상을 위하여 의도적으로 쓰는 원재료 이외의 각종 물질"을 말해. 그 기능에 따라 크게 조미료(맛을 좋게 하는 물질), 착색료(먹음직스러운 색을 내는 물질), 보존료(음식이 상하지 않게 하는 물질)의 세 가지로 나눌 수 있지. 그런데 그 종류가 어마어마하게 많단다. 우리나라가 법으로 관리하는 것만 600여 개나 돼.

우리가 사 먹는 음식에는 이런 식품 첨가물이 들어간단다. 맛도 좋고 보기도 좋아야 사람들이 더 많이 찾을 테니 말이야. 그런데 이런 음식의 안전성도 따져 봐야 하지 않을까? 맛있다고 무턱대고 먹다가는 건강을 해치게 될지도 모르잖아. 그래서 나라에서는 법으로 기준을 정해서 식품 첨가물을 관리하고 있단다.

이를 담당하는 식품의약품 안전처는 유통되는 식품 첨가물들이 엄격한 평가 과정을 거쳤기 때문에 안전하다고 해. 안심하고 먹어도 된다는 얘기지. 하지만 정말 그럴까? 그리고 그 '기준'이라는 것도 따져 봐야겠지. 조금 먹으면 괜찮지만 많이 먹으면 건강에 나쁘다, 이러면 그건 안전한 걸까 안전하지 않은 걸까?

식품 첨가물의 유해성에 대해서는 여전히 많은 논란이 있단다. 특히 성인보다 성장기에 있는 청소년들에게는 치명적인 영향을 미칠 수도 있고. 특히 다음 네 가지의 식품 첨가물은 꼭 확인하고 되도록 피하는 게 좋단다.

아황산나트륨 _식품의 색깔이 변하는 걸 막고 오래 보존할 수 있는 방부 작용을 한단다. 순환기 장애, 위점막 자극, 천식, 유전자의 손상, 염색체 이상 등의 부작용이 있어.

타르 색소 _음식에 색을 내게 하는 화학 물질로 치즈, 버터, 아이스크림, 소시지, 각종 과자류나 사탕 종류에 들어 있어. 간이나 위에 안 좋은 영향을 끼칠 수 있어.

안식향산나트륨 _세균 성장을 억제하거나 방지해서 식품이 잘 썩지 않도록 하는 기능이 있어. 치즈, 초콜릿, 청량음료, 짜장면 등에 들어가는데 중추신경이 마비되거나 출혈성 위염, 또는 간에 안 좋은 영향을 끼칠 수도 있단다.

아질산나트륨 _색을 선명하게 하는 데 사용하는 물질로 육류 가공식품인 햄, 소시지, 어류 등에 많이 들어가. 빈혈증, 호흡 기능 약화 등의 증상을 가져다줄 수 있어.

　　화학 첨가물이 우리 몸에 들어가면 우리 몸은 그것을 소화시키기 위해 많은 양의 비타민과 미네랄을 사용하게 된단다. 모양과 맛을 위해 뿌린 첨가물 때문에 우리 몸속의 소중한 영양소를 소모하고 대사 작용에 문제가 생긴다면 이만저만 손해가 아니지? 불가피한 상황에서 먹어야 한다면 어쩔 수 없는 일이지만, 가능하면 피하도록 하자. 첨가물 없는 음식이 가장 몸에 좋은 음식이야.

지엠오

　　2014년 5월 어느 토요일 오후 3시, 서울 광화문 S타워 앞에서 '몬산토에 반대하는 행진'이 있었어. 이날 행진은 전 세계 52개 나라 400여 개 도시에서 동시에 열렸단다. 광화문 S타워는 세계 최대의 종자 회사인 몬산토 한국 지사가 위치한 곳이야. 이날 행진을 지켜보면서 많은 사람들이 궁금해했어. 몬산토는 뭐고 또 왜 반대를 하는 걸까? 하고 말이야.

이날 행진은 지엠오(유전자 조작 식품)의 위험성을 알리기 위해서 열렸어. 한국에서는 '지엠오 Free Korea'와 '지엠오 반대 생명운동연대' 두 단체가 주도하고 시민과 활동가 등 50여 명이 참가했단다. 이 행사를 처음으로 기획한 미국인 타미 먼로 씨는 자신의 두 딸을 지키고 싶은 마음에서 시작했다고 해. 그의 생각은 소셜 네트워크 서비스(SNS)를 타고 전 세계로 빠르게 퍼져 나가면서 폭발적인 반응을 불러일으켰지. 2013년 5월과 10월에 이어 2014년 5월, 세 번째로 열렸단다.

참고로 다국적 기업 몬산토는 농약 및 종자 등을 생산하는 다국적 화학 기업으로 그동안 많은 논쟁을 일으켰던 살충제 디디티(DDT), 사카린, 폴리염화비닐(PVC), 아스파탐, 인공 성장 호르몬(rBGH) 등을 개발한 회사야. 베트남 전쟁에서 사용된 고엽제도 만들었지. 주로 화학제품을 생산하던 몬산토는 나중에 종자 회사로 얼굴을 바꿔. 전 세계 지엠오 특허의 90퍼센트 이상을 소유하고 있는 세계 최대의 지엠오 생산 기업으로 세계 작물 종자 사용권의 67퍼센트를 소유하고 있단다. 2013년 미국에서 생산된 콩의 93퍼센트, 옥수수의 80퍼센트가 몬산토에서 만든 지엠오 농산물이라고 하니 엄청나지. 우리나라의 종자 시장도 몬산토가 지배하고 있어. 사실상 지구 전체 식량 생산을 몬산토가 조정하고 있다고 보면 맞아.

그게 뭐가 문제냐고? 기업의 이익을 위해 생태계 파괴를 유발하거나 방치했다는 게 몬산토를 반대하는 사람들의 주장이야. 실제로 몬산토는 자기들이 생산하는 제초제에 저항성이 강한 유전자 조작 콩과 옥수수를 미국 전역에 퍼뜨렸어. 제초제와 종자를 세트로 판매해서 제초제는 오직 몬산토 종자만 보호하고 다른 모든 풀들을 말라죽였단다. 그러니 몬산토 종자를 사면 제초제를 함께 살 수밖에 없어. 뿐만 아니라 그렇게 센 제초제는 잔류 성분이 토양을 오염시키고 그 토양에서 자란 작물을 먹는 인간에게까지 치명적인 영향을 미칠 거라고 해.

유전자 조작이란 기존의 생물체 속에 다른 생물체의 유전자를 인위적으로 끼워 넣는 것을 말해. 다시 말해 자연 상태에서 교배를 통해 이루어지는 게 아니라는 거야. 학자들은 이러한 인위적 조작이 '유전적 불안전성'을 증가시킬 수밖에 없다고 해. 과학자들은 새로운 독성 물질의 출현, 알레르기 유발, 필수 영양 성분의 변화, 항생제 내성 문제 등을 경고하고 있지. 실제로 세계보건기구(WHO)는 지엠오를 오래 먹으면 면역 체계에 문제가 생길 수도 있다는 점을 인정했단다.

생태계 교란도 큰 문제란다. 지엠오는 제초제와 세트로 판매된다고 했지? 잡초나 해충을 제거해야 수확량이 증가하니까 지엠오로 수확량을 늘리기 위해 강력한 살균, 제초제를 함께 사용해야 했어. 그런데 오히려 이 때문에 토양 오염과 변종 해충의 출현 가능성 등이 제기되는 상황이야.

지엠오 옹호론자들은 지엠오의 위험성이 아직 밝혀지지 않았다고 주장하는데 그렇지 않아. 1998년 영국 로웨트 연구소의 발표에 따르면 쥐에게 유전자 조작 감자를 먹이자 거의 모든 장기의 중량이 감소했고, 90일간 먹인 쥐는 간 기능과 면역 기능이 저하되었다고 해. 이 연구 결과를 발표한 아파드 푸스타이 박사는 이후 직장에서 쫓겨나고 많은 괴롭힘을 당했지. 여론이 나빠질 것을 우려한 지엠오 생산 기업들의 로비가 이만저만이 아니거든. 그럼에도 지엠오의 위험성을 경고하는 연구 결과는 끊이질 않고 있어. 2012년 프랑스 파리 칸 대학의 세라리니 박사는 지엠오 콩을 먹인 쥐에게서 불임과 암 등이 관찰되었다는 연구 결과를 발표했지.

전 세계에서 지엠오에 대한 안전성 검증 바람이 이는 지금, 우리나라 상황은 어떨까? 직접 지엠오를 재배하지는 않지만 엄청난 양을 수입하고 있어. 일본에 이어 세계에서 두 번째로 많은 지엠오를 수입하는 나라란다. 그런데 일본은 지엠오를 대개 동물 사료용으로 수입하고 있는데 반해 우리나라는 식용도 많이 수입하고 있어. 식용으로만 보면 우리나라가 세계 1위의 지엠오 수입국이야. 현재 지엠오 옥수수, 콩, 토마토 등이 수입되고 있는데 이들은 다양한 형태로 식품에 들어가고 있단다. 예컨대 대다수 가공식품에 쓰이는 액상 과당은 옥수수를 주원료로 하지. 마트에서 파는 된장, 간장, 고추장, 두부, 토마토케첩, 카놀라유 등도 바로 이런 지엠오를 원료로 만들어지는 거야. 영화관에서 즐겨 먹는 팝콘, 나초도 물론이고. 동물 사료로 수입되는 옥수수나 콩도 당연히 지엠오일 테니 간접적인 섭취도 무시할 수 없겠지.

오늘날 전 세계 지엠오의 대부분이 미국에서 생산되고 있어. 그야말로 지엠오의 천국이랄 수 있는 미국은 지엠오 표시 제도 자체가 아예 없단다. 우리나라는 성분 함량이 5퍼센트 미만의 경우는 표시하지 않아도 되기에 사실상 소비자가 알 방법이 없어. 그래서 환경 단체들은 '지

2013년 미국에서 생산된 콩의 93퍼센트,
옥수수의 80퍼센트가
몬산토에서 만든 지엠오 농산물이라고 하니 엄청나지.

엠오 완전 표시제'를 위한 법 개정을 정부와 국회에 촉구하고 있어. 안전한 먹을거리 확보야말로 국가의 가장 큰 의무 아닐까?

다국적 기업이란?

세계 각지에 자회사, 지사, 합병 회사, 공장 등을 확보하고, 생산과 판매 활동을 국제적 규모로 수행하는 기업을 말한단다. 오늘날 거대 기업들은 대부분 세계에 지사를 두고 있는 다국적 기업이야.

유전자 조작 식품이란?

지엠오(GMO, Genetically Modified Organism)는 유전자 재조합을 통해 탄생한 생물체를 이용해서 만들어진 식품이야. 지엠오를 포함하거나 지엠오에서 유래한 원료를 사용한 것을 통칭하지. 애초에는 지엠오가 식량 생산량과 저장 기간을 늘리고 영양 성분을 개선해서 기아 문제 등을 해결할 수 있을 거로 생각했지만 결과는 달랐어. 지엠오의 생산이 활발한 지금도 전 세계에는 굶는 사람들이 많아. 그래서 몬산토 같은 소수 기업의 배만 불려 주게 되었다는 비판을 받고 있지. 무엇보다도 가장 큰 문제는 앞서도 살펴보았듯이 바로 '안전성'이야.

지엠오가 인체에 유해하다는 주장이 과학자들 사이에서 끊임없이 제기되고 있어. 그래서 각 나라들은 지엠오의 재배, 수입, 유통을 관리하고 있어. 유럽 연합이나 중국은 자국에서 유통되는 모든 지엠오의 표시를 의무화하고 있단다.

우리나라에서 유통되는 유전자 조작 식품은 유전자 조작 농산물을 수입해서 가공한 것과 애초에 가공된 식품을 수입한 것이 대부분이야. 가공식품과 수입 식품 대신 지역에서 직접 생산된 유기 농산물을 이용하면 지엠오를 피할 수 있단다.

엘엠오는 또 뭐야?

유전자 변형 생물체(LMO, Living Modified Organism)라는 뜻으로 지엠오와 혼용되어 쓰이고 있어. 엘엠오는 현대 생명공학 기술의 발달에 따라 새롭게 조합된 유전 물질을 포함하고 있는 생물체(동물·식물·미생물)를 의미해. 생식과 번식이 가능한 생물체를 말하고 지엠오는 생식이나 번식이 가능하지 않는 것(예: GM 옥수수 통조림)도 포함하는 포괄적 용어로 쓰이고 있단다. 엘엠오는 쿠세 협약인 바이오안전성의정서 등 국제 협약에서 주로 사용하는 용어야 유럽에서는 지엠오를 주로 쓰고 우리나라는 엘엠오와 지엠오를 모두 사용하고 있단다.

몬산토 제초제 성분 '글리포세이트', 발암 물질

2015년 3월 20일 영국 학술지 <랜싯 종양학>(Lancet Oncology)은 글리포세이트를 "인체에 암을 유발할 수 있는 발암 물질"로 규정한 세계보건기구(WHO) 산하 국제암연구소(IARC)의 보고서를 요약 게재했어. 글리포세이트는 '몬산토'의 제초제 '라운드업'(Roundup)에 들어가는 활성 성분으로, 가장 널리 쓰이는 제초제 성분이야. 이 보고서는 사람들이 안전하고 건강한 식량 확보를 위해 행동하는 계기가 되었단다.

씨앗

북아메리카 선주민들은 1년 열두 달을 자연의 변화에 따라 이름 붙였다고 해. 가령 2월은 "바람 속에 봄이 묻어오는 달" 이런 식으로 말이야. 멋지지 않니? 아직 추운 겨울이 남아 있는 2월 어느 날 불어오는 따뜻한 바람 속에서 봄을 느낄 때가 있잖아. 3월은 "마음이 설레는 달"인데, 이건 씨 뿌리고 농사를 지을 수 있는 계절을 코앞에 두고 있으니까 그런 것 아니었을까? 겨우내 먹을 것이 마땅치 않다가 드디어 날씨가 따뜻해지니 얼마나 꿈에 부풀었을까. 그 다음 달인 4월을 "씨앗을 머리맡에 두고 자는 달"이라 하니 이런 추측이 맞는 거 같아. 내가 어릴 적에는 소풍 가기 전 날 평소 먹고 싶었던 음료수나 과일을 잔뜩 싼 소풍 가방을 머리맡에 두고 설레는 마음으로 잠자리에 들곤 했는데 아마 그런 마음이 아니었을까 싶어. 모든 것이 풍족한 지금은 그 느낌을 잘 알 수 없겠지. 어쨌든 아메리카 선주민들에게 씨앗을 뿌릴 4월이 돌아온다는 것은 가슴 설레는 일이었음이 분명해.

농사를 짓는 사람에게 씨앗은 그 무엇보다도 중요하지. 씨앗을 심지 않고 어떻게 수확이 가능하겠어. 굶지 않으려면 씨앗을 잘 보관해야 했을 거야. 농사를 지었던 우리 조상들도 마찬가지였단다. 씨앗은 바람이 잘 통하는 곳에 썩지 않도록 보관하는 것이 매우 중요했어. 그런데 시대가 변하면서 씨앗도 '상품'이 되었지. 수확한 작물에서 골라내는 것이 아니라 언제든 종묘상에 가서 구할 수가 있게 되었으니까. 한편 아쉬운 점도 있어. 우리 고유 농산물이라 여겼던 씨앗에 대한 소유권이 외국 기업에 있다는 사실 때문이지. 예컨대 청양고추를 먹을 때마다 우리는 그 씨앗의 권리를 가진 몬산토에 사용료를 지불해야 한단다. 놀라운 건 우리나라에서 재배되고 있는 수많은 작물의 씨앗이 외국 종자 기업의 것이라는 거야.

몬산토 같은 거대 기업이 우리나라의 씨앗 기업을 인수한 것도 이유이지만, 우리 스스로 토종 종자를 포기한 탓도 있어. 예전 방식대로 가을에 수확한 작물에서 씨를 받아 농사를 짓는 것보다 외국 기업이 개발한 씨앗의 생산성이 더 좋았거든. 농촌의 고령화로 일할 사람도 부족한 상황에서 더 많이 수확할 수 있는 작물을 키우는 건 어쩌면 당연한 일이었을지도 몰라. 그 결과 지금처럼 우리의 먹을거리가 외국 기업에 좌우되는 일이 벌어질 거라고 예상하지는 못했을 거고.

기업은 이윤 추구를 목적으로 해. 그건 분명한 사실이지. 그들이 싸고 생산성이 좋은 씨앗을 제공했을 때는 이유가 있었을 거고. 생명 과학 기술이 발달하자 이를 이용해서 거대 종자 기업들이 시장을 잠식하더니 지금은 독점을 시도하고 있어. 예컨대 몬산토를 비롯한 다국적 종자 기업들은 전략적으로 불임성 종자를 개발했어. 보통은 씨를 뿌리고 자라서 수확을 하면 씨를 받아 또 뿌리잖아. 그런데 유전자 조작 씨앗은 한 번 뿌려서 열매를 맺으면 그 열매의 씨앗은 더 이상 싹 틔울 수 없도록 유전자를 변형시켜 버려. 그래야 해마다 농부들이 씨앗을 살 테니까. 일명 '자살 씨앗' '터미네이터 씨앗'이라 불리는 이런 품종의 개발은 철저히 비밀에 부쳤고 나중에야 언론을 통해서 알려지게 돼. 기업의 이익을 위해 농산물조차 일회용품으로 만들어 버리는 저들의 행태에 수많은 농민들이 분노했지. 우리나라의 상황은 어떤지 한번 살펴볼까.

1991년 국제 식물 신품종 협약이 체결되면서 우리나라도 종자의 지적 재산권을 보호할 의무가 생겨. 그러자 새롭게 열린 한국 시장을 차지하려고 다국적 기업들이 경쟁을 벌였단다. 그러던 중 1997년 IMF를 계기로 국내 주요 종자 기업들이 외국 기업에 팔리게 돼. 종자 분야 1위와 3위를 달리던 흥농종묘, 중앙종묘가 몬산토에 인수 합병되어 몬산토 코리아가 설립됐어. 당연히 그 두 기업이 갖고 있던 씨앗 관련 특허와 기술은 모두 넘어갔고. 업계 2위이던 서울종묘와 6위 청원종묘도 각각 제약 회사인 노바티스와 일본의 종자 회사 사카다 사로 팔려갔단다. 다행히 2012년 우리나라 기업인 동부팜한농이 몬산토의 한국 지사 자산을 인수해서 그전에 팔려 간 240개 종자의 소유권과 70여 종자의 판권과 특허권을 찾았지. 덕분에 배추, 무, 수박, 오이 같은 작물의 로열티를 더 이상 외국에 내주지 않아도 되었단다. 그런데 기업은 어디까지나 이윤 논리로 움직이잖아? 결국 우리 씨앗을 지킬 수 있는 방법은 기업이 아닌 농부와 작은 규모의 농사인 소농을 하는 이들의 몫인 것 같아. 개개인들이 그 씨앗을 뿌리고 거두고를 반복하는 가운데 우리 씨앗을 지키는 길 말이야.

평생토록 토종 종자 연구에 힘써 온 안완식 박사(씨드림 대표)는 "토종이란 수천 년 동안 우리 민족의 의식주를 제공해 온 우리의 가장 큰 유산"이라고 말했어. 오랫동안 우리 땅의 기후 환경에 적응해 왔기 때문에 농약도, 많은 비료도 필요 없다는 거야. 그럼에도 당장 돈이 안 된다는 이유로 외국으로 팔아 버리면 어떻게 될까? 결국은 손해를 보게 될 게 뻔해. 소유권을 사들인 외국 기업은 조금이라도 이익을 더 보려고 할 테니까.

토종 씨앗 대신에 우리가 사다 쓰기 시작한 소위 '생산성 좋은' 씨앗들을 보면 잘 알 수 있어. 대개 터미네이터와 트레일러, F1 씨앗 등 소위 일회용 품종이었던 거야. 사정이 이렇게 되니까 농민들은 해마다 비싼 값을 치르고 씨앗을 살 수밖에 없게 되었단다. 종자 주권을 잃었다는 건 바로 이런 뜻이야. 권리를 가진 사람에게 휘둘릴 수밖에 없다는 거지. 농민들이 씨앗을 갖고 있지 못하니 판매 회사가 값을 올려도 울며 겨자 먹기로 살 수밖에 없어. 씨앗이 다음 해에는 싹을 못 틔우니 해마다 사야 하고, 제초제와 비료를 함께 써야 제대로 생산이 되니까 그것도 함께 사야 하지. 결국 농사를 짓는 농민들은 손해를 보고 몬산토 같은 기업들만 이익을 보게 되는 거야. 지금도 종자 회사들은 서로 짜고 계속 종자 가격을 올리고 있어. 이건 농민만의 문제가 아니야. 우리나라는

농민들은 해마다 비싼 값을 치르고
씨앗을 살 수밖에 없게 되었단다. 종자 주권을 잃었다는 건
바로 이런 뜻이야. 권리를 가진 사람에게 휘둘릴 수밖에
없다는 거지. 농민들이 씨앗을 갖고 있지 못하니 판매 회사가
값을 올려도 울며 겨자 먹기로 살 수밖에 없어.

2010년 한 해에만 218억 원 정도의 종자 사용료를 냈어. 안완식 박사는 2012년부터 앞으로 10년간 7970억 원 정도가 나갈 거라고 예측하더구나. 씨앗의 값어치는 우리가 상상하는 것 이상이야.

문제는 여기서 그치지 않는단다. 자연은 상호 유기적으로 존재하는 거라고 했잖아. 그런데 다국적 기업들이 개발한 지엠오 품종들은 유전자를 조작한 것들이기 때문에 앞으로 생태계에 어떤 영향을 미칠지 전혀 알 수가 없어. 예컨대 불임 씨앗에서 싹이 난 배추의 꽃가루가 일반 배추로 옮겨 가 교배가 일어난다면 어떻게 될까? 변종이 생겨서 일반 품종이 사라질 수도 있어. 우리가 아는 배추가 멸종하고 지엠오와 그 변종들만 살아남을 수도 있다는 거야. 실제로 어떤 과학자는 지엠오 때문에 지구 상에서 식물이 사라질 수도 있다고 경고했어.

이왕 씨앗 이야기가 나온 김에 농업에서의 문제점을 한 가지 더 얘기하자면 단일 작물 재배야. 오늘날은 돈이 되는 작물 위주로 단일 작물을 대량 재배한단다. 그런데 단일 종만 심을 경우 기후 변화라든가 특정 전염병에 만약 그 작물이 취약하다면 어떻게 될까? 다양한 종들이 서로 경쟁하면서 자연에 적응하고 살아남는 것이 만물의 이치인데 이걸 거슬렀을 때 어떤 재앙이 들이닥칠지 알 수 없다는 거지. 지금 당장은 강력한 제초제에도 살아남는 생존력을 보인다고 해도, 앞으로 이들에게 치명적인 전염병이 발생하지 않으리라는 보장이 없거든. 자연은 언제나 인간의 예측을 뛰어넘잖아. 만일 그런 일이 일어난다면 인류는 식량난에 허덕일 수밖에 없을 거야.

과거 아일랜드의 감자 대기근이 좋은 사례란다. 19세기 영국의 식민지였던 아일랜드는 늘 빈곤에 시달렸어. 그러다가 신대륙에서 온 감자라는 귀한 작물을 알게 되지. 당시 유럽에서는 이를 "악마의 열매"라고 하면서 재배를 기피했어. 열매가 땅속에서 열리는 데다 척박한 환경에서도 잘 자라는 모습이 낯설었던 거야. 그런 감자의 덕을 본 곳이 바로 아일랜드였어. 한 끼 식사로 부족함이 없었거든. 잘 썩지 않아 보관도 쉬웠고. 아주 훌륭한 식량이 되었지. 이후 다양한 요리법이 개발되고 많은 이들에게 사랑을 받게 되면서 단일 종의 감자가 아일랜드 전역에서 재배되었어. 가뜩이나 먹을 것이 없었는데 감자가 그 자리를 대신하게 된 거야. 많은 이들은 감자를 주식으로 삼았단다.

불행은 감자마름병이 아일랜드를 휩쓸면서 시작됐어. 감자를 먹을 수 없게 된 아일랜드인 100만 명이 굶어 죽었단다. 살아남은 이들도 아일랜드를 떠나, 무려 150만 명이 미국 등 해외로 이주하지. 먹을 것이 없는 땅에서 더 이상 살 수가 없었던 거야. 병충해에 강하고 어디서든 쉽게 자라던 감자가 어느 날 갑자기 사라질 줄 누가 알았을까? 단일 종을 주식으로 삼고 여기에 의존한 결과가 어땠는지를 잘 보여 준 사례야.

오늘날 지구에는 생태계의 다양성을 훼손하고 특정 종을 집중적으로 재배한 결과 세계의 작물 중 75퍼센트가 멸종했다고 해. 인류가 옛날부터 길러오던 작물 중 25퍼센트만 살아남은 거야. 특히 미국은 단일 작물 재배국으로 유명해. 이전에 자라던 작물의 95퍼센트가 사라지고 그 자리에 밀, 옥수수, 콩 정도가 남았다고 보면 될 정도야. 세계적으로 특정 작물에 집중하는 흐름은 갈수록 빨라지고 있어. 전 세계 음식의 60퍼센트가 밀, 쌀, 옥수수로 만든단다. 전 세계가 여기에 목숨을 걸고 있는 셈이지. 상황이 이러니 아일랜드의 감자처럼 어느 한순간 생산량이 추락할 수도 있다는 경고는 결코 기우가 아닌 거야. 지구의 기후 변화로 먹을 것이 떨어지면 전 세계가 식량 전쟁에 휩싸일 거라는 암울한 예측도 나름 근거가 있어.

우리나라의 쌀 자급률이 한때 100퍼센트를 넘은 적도 있는데 최근에는 그렇지가 못해. 2011년 83.3퍼센트, 2012년 86.1퍼센트를 2013년에는 89.2퍼센트를 기록하고 있어. 쌀 말고도 우리가 먹는 보리, 밀 등의 곡물을 포함한 식량 자급률은 어떨까? 농림축산식품부의 통계에 따르면 2013년 기준 식량 자급률은 47.2퍼센트야. 사람 말고 소, 돼지 등 가축이 먹는 사료용 곡물을 포함한 곡물 자급률은 1990년 43.1퍼센트, 2000년 29.7퍼센트로 하락했고 2012년 23.6퍼센트, 2013년에는 23.1퍼센트로 계속 떨어지고 있어. 서구식 식생활로 변화한 지금 중요한 것은 바로 곡물 자급률이야. 그런데 보다시피 이게 너무 낮아. 우리가 먹는 밥과 고기, 채소 이런 것들의 77퍼센트가 수입된 곡물에 의존하고 있다는 얘기니까. 우리나라의 곡물 자급률은 세계 최하위권이야. 이런 상황에서 기후 변화로 인해 흉작이 되어 수입 곡물 가격이 급등한다면 어떻게 될지 예측은 어렵지 않아.

2015년 4월에 서울에서 세계도시 기후총회(ICLEI)가 열렸어. 이때 불교생태콘텐츠연구소 등 여러 환경 관련 NGO들이 시청 광장에 부스를 차리고 기후 변화에 관한 시민 교육을 진행하면서 기후 변화로 우리나라가 겪게 될 가장 큰 고통이 무엇이라 생각하는지 물었어. 많은 사람들은 홍수나 가뭄, 질병, 에너지 등을 들더구나. 식량이나 물 문제는 그 안에 없었어. 워낙에 해결해야 할 문제들이 많기 때문이기도 하지만, 어쩌면 너무 흔하고 익숙해서 그러는 건 아닐까 하고 생각했어. 앞으로 기후 변화가 언제 어디서 어떤 모습으로 찾아올지 알 수 없단다.

식량 자급률, 곡물 자급률

식량 자급률은 사람이 먹는 곡물의 국내 소비량 중 국내 생산량이 차지하는 비율을 말하는 거고, 곡물 자급률은 여기에 소, 돼지 등 가축들이 먹는 사료용 곡물을 포함한 거야.

　　그러니 절대로 식량 안보를 놓쳐서는 안 된다는 점을 강조하고 싶어. 씨앗 한 알의 가치는 어느 정도일까? 벼는 하나의 씨앗이 18~25개 정도의 이삭을 맺어. 그중 10개 정도는 튼실한 이삭이야. 한 개의 이삭에는 150~200개의 볍씨가 생긴단다. 그중 100개 이상이 건강한 곡식이 돼. 따져 보면 한 알의 씨앗이 자라서 1000개 이상의 쌀이 되는 거야. 놀랍지 않니? 씨앗 한 알의 가치는 정말 대단해.

　　씨앗을 목숨보다 소중하게 지킨 사람들의 얘길 들려줄게. 한 번 들어볼래? 러시아 수도인 상트페테르부르크에는 바빌로프라는 이름의 연구소가 있어. 그곳에는 수십만 종의 식물 씨앗이 보관되어 있단다. 2차 세계 대전 당시 독일이 레닌그라드(지금의 상트페테르부르크)를 포위했을 때 연구소 안에는 50여 명의 과학자가 있었는데, 이들은 30명 이상이 굶어 죽는 긴박한 상황 속에서도 끝까지 종자를 지켰다는구나. 그들은

우리나라의 쌀 자급률이

한때 100퍼센트를 넘은 적도 있는데

최근에는 그렇지가 못해.

2011년 83.3퍼센트, 2012년 86.1퍼센트를

2013년에는 89.2퍼센트를 기록하고 있어.

왜 목숨까지 버려 가면서 종자를 지킨 걸까?

　노르웨이 북극 지역에 스발바르 국제 종자 보관소라는 곳이 있단 다. 해발 130미터 높이의 산악 지역에 지하 120미터를 파고 들어가 만 든 이곳은 '최후의 날 저장고'로도 불려. 북극의 빙하가 다 녹아내려도 침수되지 않고 핵전쟁이 발발한다 해도 무너지지 않을 만큼 견고하게 설계되었기 때문이야. 이곳에는 현재 전 세계에서 얻은 약 540만 종의 식물 씨앗을 보관하고 있어. 혹시라도 닥칠 대재앙 후에 살아남을 누군 가를 위해 씨앗을 안전하게 지키고 있다는구나. 인류가 새롭게 그 역사 를 이어갈 수 있도록 말이야. 나는 이러한 일을 감히 '숭고'하다는 말로 표현하고 싶구나. 나 하나, 혹은 우리나라 한 곳을 위한 일이 아니라 인 류 전체를 위한 일이니까 말이야.

'일회용' 씨앗과 그 형제들

터미네이터(terminator) _다음 세대에서는 싹이 나지 않는 불임 씨앗.
트레일러(trailer) _종자 기업이 만든 특정 약품(농약, 비료)을 같이 써야만 싹이 나거나 자라 는 씨앗.
F1(first filial generation) _1세대에서만 형질의 우수성을 나타내고 다음 세대에서는 전혀 다 른 특징을 보이는 씨앗.

고기 이야기를 한번 해 볼까 해. 내가 어릴 적만 해도 고기 먹는 일이 귀했단다. 고깃집도 많지 않았고. 멀리 시내에 있는 갈빗집에 가서 갈비 몇 대를 뜯는 날이면 '오늘이 아버지 월급날이구나!' 생각했을 정도였어. 요즘은 다양한 종류의 고기를 파는 가게가 많지? 그만큼 사람들이 고기를 많이 먹는다는 얘기일 거야. 집에 마땅한 반찬이 없을 때 삼겹살을 굽거나 이도 귀찮으면 집 앞 식당에서 손쉽게 고기를 사 먹을 수 있잖아.

그런데 이 많은 고기는 대체 어디서 오는지, 생각해 본 적 있니? 한 집 건너 고깃집인 풍경을 볼 적마다 그 가게들에서 팔고 있는 엄청난 양의 고기들, 그건 누가 어떻게 기른 것일까? 하는 생각이 들어.

대형 마트의 정육 코너에 가 보면 깔끔하게 포장된 고기들이 진열되어 있지. 종류도 다양해서 부위나 상표도 제각각이야. 1^{++}등급이라는 표시가 되어 있는 고기도 있어. 육질이 좋고 마블링이 잘된 고기는 보기만 해도 군침이 돌지 않니? 그런데 그 고기가 어떻게 만들어졌는지 생각해 본 적 있니?

가축을 기르고 고기를 먹는 일은 인류가 아주 오래전부터 해 왔던 일이야. 만약 고기가 아니었다면 인간은 충분한 영양을 공급받지 못했을 거야. 우리에겐 아주 고마운 먹을거리지. 하지만, 요즘은 너무 흔하고 쉽게 고기를 접할 수 있어서 마치 공장에서 찍어내는 것 같은 착각이 들 때가 있단다. 그래서 하는 말이야. 우리 식탁에 오르는 고기가 어디서 어떻게 생산되었는지 한 번쯤 관심을 두고 살펴봐야 하지 않을까?

사람들이 고기를 많이 찾으면 그만큼 생산량도 늘어나야 해. 지금도 어디선가는 가축을 키우고 도축을 하고 포장과 유통을 하고 있겠지. 그런데 고기는 다른 공산품과 달라서 생산하는 데 시간이 많이 걸린단다. 생각해 보렴. 소나 돼지, 닭이 하룻밤 사이에 다 커 버리는 일은 없잖아. 그래서 사람들은 생각했지. 어떻게 하면 더 많은 고기를 얻을 수 있을까, 어떻게 하면 동물들이 빨리 자랄 수 있을까. 또 이런 고민도 했지. 어떻게 하면 고기를 연하고 부드럽게 만들 수 있을까, 어떻게 하면 맛있는 삼겹살이나, 갈빗살을 더 많이 얻을 수 있을까, 하고 말이야. 그러다 과학 기술이 발전하면서 오늘날의 공장식 축산이 등장하게 된단다.

공장식 축산은 자동차를 만들듯이 커다란 축사에서 대량으로 가축을 길러 내는 방식이야. 덕분에 우리는 많은 양의 고기를 충분히 먹을 수 있게 됐지. 그런데 제한된 공간에 많은 수의 가축을 기르다 보니 여러 가지 문제가 생겨. 우선 동물들의 본성에 맞지가 않아. 들로 산으로 풀을 뜯고 먹이를 구하러 쏘다니던 소나 돼지, 닭이 좁은 공간에서 지내니 스트레스가 쌓일 수밖에 없어. 예컨대 닭들은 몸을 제대로 움직일 수도 없는 공간(A4 종이 크기의 3분의 2밖에 안 되는)에서 평생을 알만 낳다가 생을 마친단다. 비좁은 데서 온갖 오물과 함께 생활하니 스트레스가 극심해서 옆 동물을 공격하기도 해. 스톨(stall)에 갇힌 돼지는 또 어떻고? 돼지는 감금 틀에 갇혀 극심한 스트레스에 시달리다가 옆에 있는 녀석의 꼬리를 물어뜯어. 그래서 돼지 꼬리는 아예 어렸을 때 잘리고, 신경이 모여 있는 닭의 부리는 마취도 없이 잘려 나간대. 생각만 해도 끔찍하지 않니? 문제는 우리가 먹는 고기 대부분이 그렇게 생산된다는 사실이야. 수많은 동물들이 감옥 같은 공간에서 살만 찌우다 자기 수명만큼 살아 보지도 못한 채 도살장에서 비참한 생을 마치는 거지.

왜 이런 끔찍한 방식으로 축산을 하게 되었을까? 이유는 사람들이 고기를 많이 찾기 때문이야. 늘어난 소비를 감당하려면 좀 더 빨리, 많은 양의 고기를 생산해 내야 했고 그러다가 공장식 축산을 고안하게 된 거야. 그렇다면 고기 소비는 왜 늘어났을까? 바로 운송 수단과 냉동 기술의 발전 때문이란다. 철도와 도로가 마을 구석구석 뻗어나가고 냉동 기술로 고기를 오랜 시간 동안 보관할 수 있게 되자, 더 많은 사람이 고기를 접할 수 있게 된 거야. 찾는 사람이 많으니 공장식 축산을 하게 되고, 쉽게 접할 수 있으니 더 먹게 되고, 그러면서 오늘날의 대량 생산 – 대량 소비 체계가 완성된 거란다. 그러면서 많은 문제가 생겼는데, 이제부터 그 부작용을 하나하나 살펴볼게.

고기 소비가 증가하고 그것에 맞게 공급을 늘리려면 가축들이 쑥쑥 자라야겠지. 그런데 소, 돼지, 닭 같은 동물들은 그저 물과 햇빛만으로 자라지 않아. 무언가를 계속 먹어야 하지. 바로 이 사료를 만드는 데 엄청난 비용과 에너지가 들어간단다.

지구 온난화의 이유 중 하나로 열대 우림의 파괴를 꼽는다는 걸 알고 있을 거야. 여기에는 고기 소비도 관련이 있어. 사료 작물을 재배하려고 숲을 없애기 때문이야. 오늘날 가축 사료의 재료로 가장 많이 사용되는 것은 옥수수와 콩이야. 그런데 그 양이 어마어마해. 미국에서만 1억 마리 이상의 소가 사육되고 있는데 이들이 먹어 치우는 옥수수의 양은 10억 명이 먹을 식량에 해당하는 양이래. 이걸 대기 위해 열대 우림을 파헤치고 그곳에 옥수수를 심는 거야. 이게 얼마나 경제적이지 못한 지 알고 있니?

내가 어릴 적에는 집집마다 먹고 남긴 음식 찌꺼기를 담는 통이 마당에 하나씩 있었어. 구정물 통이라 불렀던 그것을 저녁이면 손수레를 끌고 온 아저씨가 모아 가서 집에서 키우는 돼지에게 먹였지. 음식물 쓰레기도 줄이고 가축도 키우는 일거양득이었던 셈이야. 이런 방식이 가능했던 것은 가축을 조금씩 길렀기 때문이야. 지금의 공장식 생산 체제에서는 불가능한 일이지.

공장식 축산을 위해 숲을 밀어내고 사료 작물을 심어야 해. 그리고 막대한 양의 사료를 생산하기 위해 단일 작물에 집중해야 하지. 그 과정에서 화학 비료와 제초제, 살충제 등을 사용하고 이는 땅은 물론 지하수 오염을 불러온단다. 고기 소비가 환경 파괴로 이어지는 순간이야. 결국 최대 피해자는 우리 인간이란다.

육식이 얼마나 경제적이지 못하고 반생태적인가에 대해 한 가지 더 얘기할 게 있어. 옥수수 1000칼로리를 수확하려면 석유 1만 칼로리가 든다고 해. 가축들이 석유를 먹고 자라는 셈이지. 만약 석유가 바닥난다면 지금과 같은 대규모 육식도 위기에 처할 거라는 거야.

보통 우리는 고기가 어떻게 만들어지는지 알지 못해. 단지 깔끔하게 포장된 고기만 보게 되지. 하지만 고기 한 점에 얼마나 많은 것들이 담겨 있는지를 깨닫는다면 무분별한 고기 소비도 줄지 않을까? 그러면 숲을 밀어내지 않아도 되고, 무수한 동물이 끔찍한 환경에서 자라다 죽는 일도 줄어들 거야.

어마어마하게 큰 구덩이에다가 트럭에 실려 온 돼지를 쏟아붓던 장면을 TV 화면으로 지켜본 적이 있어. 2010년 11월 말에 시작되어서 다음 해 4월에야 끝이 났던 구제역 사태 때였지. 참혹한 광경이었단다. 살려고 기어 나오는 돼지들 위로 흙을 쏟아붓던 장면이 지금도 생생하구나. 그건 학살이라고밖에 표현할 수 없었단다. 그때 '살처분' 등으로 죽어나간 가축의 수는 347만 마리였어. 국내 사육량의 34퍼센트에 해당하는 돼지가 사라졌지. 피해액만 3조 원 이상이었어. 참고로 2000년 영국에서 역사상 최대의 구제역이 발생하는데, 당시 646만 마리의 가축이 희생되었단다.

그렇다면 구제역은 왜 생기는 걸까? 영국의 수의학자인 아비가일 우즈의 책 『인간이 만든 질병 구제역』(2011년)에서 지적한 것처럼 원인은 인간의 욕심이야. 좀 더 많은 고기를 먹으려고 고안해 낸 공장식 축산업이 생긴 이래 구제역이 끊이지 않고 있대. 단일 품종의 가축들이, 그것도 많은 수가 한 공간에서 자라니 종 다양성을 상실한 가축들이 전염병에 약해지는 건 너무나 당연한 이치야.

2010년 구제역 사태는 우리에게 많은 교훈을 남겼단다. 당시 많은 가축들이 죽었어. 정부는 구제역이 발생한 지역을 중심으로 반경 3킬로미터 이내의 모든 가축을 죽이도록 했지. 구제역에 걸리지 않은 멀쩡한 가축도 산 채로 땅에 묻었어. 동물들에게는 살 권리도 없는 걸까? 매립지로 실려 가던 트럭 안에서 가축들이 죽음을 예감하고 울부짖던 장면을 떠올리면 아직도 가슴이 아프단다. 그때 살처분 작업을 하던 수의사나 담당 공무원들이 정신적인 고통에 시달렸어. 실제로 그중 한 명이 자살하는 일도 벌어졌지. 가축도 생명이야. 아직 살아 있는 생명을 강제로 죽이는 일은 인간으로서 너무도 힘들었을 거야. 가축 살처분이 반윤리적이라는 여론이 들끓자 정부는 부랴부랴 반경 500미터로 살처분 기준을 바꿨어.

우리는 이제 육식에 대한 근본적인 질문을 던져야 해. 이 모든 것의 가운데는 육식이 있고, 경제 논리가 있기 때문이야. 지금도 닭들은 좁은 닭장에서 밤낮으로 알만 낳고 있어. 『마당을 나온 암탉』(2000년)에 보면 "더 이상 알을 낳지 못하는 날이 바로 죽는 날"이라는 말이 나와. 가축으로 길러지는 닭들의 운명을 잘 표현한 말인 것 같아.

돼지들도 마찬가지야. 길이 2미터, 폭 60센티미터의 공간에서 새끼만 낳다가 죽는 암퇘지들의 환경도 닭과 그다지 다르지 않단다. 바깥 구경을 처음 하는 날이 바로 도축장으로 가는 날이라는 소들은 또 어떨까? 켜켜이 쌓인 분뇨 더미에서 성장 촉진제와 항생제를 맞으며 살집만 키워 가는 가축들, 이런 환경을 만든 책임은 누구에게 있을까? 축산업자에게 모든 책임을 돌릴 수 있을까? 근본적인 원인은 우리가 고기를 많이 찾기 때문이야. 공장식 축산 환경을 개선하려면 육식 소비를 근본적으로 줄여야 해.

최초의 햄버거가 등장한 곳은 19세기 후반 미국이라고 해. 독일 함부르크 출신의 이민자가 빵 사이에 다진 고기를 넣은 햄버거를 선보인 게 시작이었지. 이게 나중에 대표적인 패스트 푸드 음식으로서 육식 문화를 주도하게 돼. 햄버거는 그저 빵 두 조각과 약간의 야채, 그리고 다진 쇠고기로 만든 음식일 뿐일까? 사실 햄버거는 숲이 사라지고 섬이 가라앉는 것과 밀접한 관계가 있단다. 전 세계적으로 햄버거 소비량은 계속해서 늘고 있어. 미국에서만 매초 200명이 한 개 이상의 햄버거를 먹는다고 해. 1년에 400억 개 이상의 햄버거를 먹어치운다니 엄청난 양이지(2010년 기준). 문제는 여기에 들어가는 소고기야. 햄버거 하나를 만들려면 소를 키울 목초지 1.5평이 필요하단다. 그런데 땅이 모자라니까 숲을 없애고 있는 거야. 열대 우림이 점점 사라지는 것도 그런 이유란다. 숲이 사라지면 지구는 더 더워질 테지? 그 결과 지구 곳곳에서 기상 이변이 발생해. 누군가 맛있게 햄버거를 먹는 동안 지구 한쪽 키리바시 공화국 주민은 나라가 물속으로 가라앉지 않을까 걱정하고 있단다. 이제 햄버거의 불편한 진실을 알겠지?

지구 환경

물

물과 일상

어린 시절을 떠올려 보면, 무슨 무슨 날을 기다리며 달력이 닳아 없어질 만큼 쳐다보곤 했던 기억이 있어. 생일, 소풍, 수학여행, 방학 같은 날 말이야. 날짜를 세다가 당일에 가까워지면 며칠 전부터 엉덩이가 들썩거리고 생각만 해도 괜히 가슴에 싸해지는 느낌을 받곤 했지. 그런 순간들이 참 좋았어. 막상 그날이 되어 실망할 때도 있었지만 말이야. 아마도 기대가 컸기 때문일 거야. 돌아보면 그 기다림이야말로 아름답고 소중했던 것 같아.

달력을 보면 '~날'이라고 적힌 게 있잖아. 국경일이나 어버이날, 스승의 날 등 말이야. 그런 수많은 '~날' 가운데는 우리가 그 의미를 좀 더 살펴야 하는 진지한 날들도 있단다. 예컨대 3월 22일은 '물의 날'이야. 전 지구적으로 물이 부족해지고 물의 오염이 심각해지자 유엔이 물에 대해 새롭게 생각하자는 취지에서 제정한 날이지. 대체 얼마나 물을 낭비하기에 이렇게 '날'까지 정한 걸까? 우리나라는 예로부터 물이 풍부하고 맑아서 특별히 부족하다고 느껴 본 적이 없어. 그래서일까, 오늘날 물 부족 사태에 대한 경고를 귀담아듣지 않는 사람들이 많은 것 같아. 2013년 5월, 2015년 5월의 가뭄을 한번 떠올려 볼까? 특히 2015년 5월부터 6월 중순까지 강수량은 평년 강수량의 38퍼센트에 그쳤단다. 가뭄이라는 게 곧 재앙일 수도 있다는 것을 보다 많은 사람들이 느꼈을지 모르겠구나.

우리가 물을 얼마나 사용하는지 하루 일상을 살펴볼게. 아침에 일어나서 세수하고 양치질을 하지. 화장실에 가서 볼일을 보고 나서도 물을 사용하지. 더운 여름엔 하루에도 몇 번씩 물로 샤워해야 할 거야. 입고 벗은 옷은 빨래통에 넣어 두었다가 나중에 물로 빨겠지. 음식을 만들 때나 음료로 사용하는 물을 제외하고도 일상에서 물의 쓰임새는 너무도 많아. 물을 아껴 써야 하는 까닭은 물이 이처럼 인간의 삶에 필수적이기 때문이야.

현대 사회에서 물은 곧 에너지이기도 해. 우리가 사용하는 물을 만들려면 많은 에너지가 필요하다는 뜻이야. 예전에는 계곡물이나 지하수를 바로 마실 수 있었으니 별도의 처리가 필요 없었지. 비가 자연스레 땅속으로 스며들어 여러 지층을 거치면서 걸러져 깨끗한 물이 되었으니까. 물을 얻기 위해선 두레박을 쓰거나 펌프질을 하는 정도의 에너지로 충분했었지. 오늘날에는 오염된 물을 걸러 줄 정수 시설이 꼭 필요하단다. 도시에서 소비되는 전력 가운데 많게는 17퍼센트 정도가 물을 운반하고 처리하는 과정에 쓰인다고 해. 사정이 이러하니 물은 곧 에너지라고 해도 무리는 아닐거야.

어릴 적 체육 시간이 끝나면 목이 말라 너도나도 수도꼭지에 입을 대고 물을 마시던 기억이 있어. 집집마다 정수기가 있는 요즘과는 많이 달랐지. 그 시절 수업 시간에 외국에선 물을 사 먹는다는 얘길 듣고 모두가 놀라던 기억도 나는구나. 세상에 물을 사 먹다니! 하고 말이야. 어떤 친구는 "그럼 공부는 그만두고 외국 나가서 물장사나 해야겠어요." 하거나 또 어떤 친구는 "봉이 김선달이 대동강 물을 거기까지 가져가서 파나 보다."하고 능청을 떨기도 했어.

그런데 세월이 흘러 이제 우리도 편의점에서 물을 사 먹는 시대가 되었어. 이젠 아무도 수돗물을 그냥 먹으려 하지 않아. 그만큼 물이 오염되었다는 이야기일 거야. 그런데 우리가 사 먹는 물이 오히려 물을 오염시키는 데 한몫한다는 걸 아니. 바로 물을 담는 일회용 생수병 때문이야. 우리가 페트병이라 부르는 PET의 재료는 석유야. 지구 전체에서 1년에 생산되는 페트병은 약 150만 톤이고 미국에서만 생수병을 만드는 데 드는 석유의 양은 1억 리터라고 해. 이 정도라면 1년간 자동차 130만 대를 움직일 수 있다고 하니 결코 적은 양이 아니지. 깨끗한 물을 담기 위해 지구 환경을 오염시켜야 하는 모순, 이걸 어떻게 이해해야 할까.

물 부족의 실상

지구가 말라가고 있다면 믿을 수 있을까? 전체의 70퍼센트 이상이 바다로 뒤덮인 지구에서 그럴 리가? 수도꼭지만 틀면 물이 나오는데 물 부족이라니 무슨 말인가 싶을 거야. 나 역시 살면서 물이 부족하다고 느낀 적이 거의 없단다. 하지만 세계로 눈을 돌리면 우리가 운이 좋기 때문이라는 걸 금세 알 수 있어. 약 10억 명의 사람들은 물 부족으로 고생하고 있으니까. 물 부족 문제와 물을 둘러싼 분쟁을 해결하는 것이 유엔의 주요 과제 중 하나야. 물론 여전히 물을 펑펑 쓰면서 살아가는 사람들도 많아. 한편에선 마실 물을 찾아 발버둥치고 있는데 말이야. 왜 이런 일이 생기는지 자세히 들여다보자꾸나.

지구 상에 존재하는 물 가운데 인간이 마시거나 농사를 지을 때 쓸 수 있는 담수는 1퍼센트밖에 안 돼. 그걸 전 세계 인구가 사용하고 있는 거야. 그런데 이것도 점점 줄어들어서 지금은 세계 인구 10명 가운데 2명은 식수를 공급받지 못하고 있어. 경제협력 개발기구(OECD)는 2025년에 30억 명이, 2050년에는 전 세계 인구의 3분의 2가 물 부족 사태에 직면할 것이라고 경고하고 있단다. 이런 상황에서 지구촌은 인류가 사용할 물을 안정적으로 확보하는 방법을 찾기보다는, 남아 있는 물을 차지하려는 경쟁에 몰두해 있는 게 현실이야.

아프리카는 현재 세계에서 물 부족이 가장 극심한 대륙이야. 그런데 물 부족은 비단 아프리카만의 문제가 아니란다. 기후 변화로 인한 물 부족은 중동, 동남아시아, 중국 등 전 세계의 문제라고 할 수 있지. 아프리카의 경우 마실 물이 없어 매일 3000명의 아이들이 죽어가고 있다고 해. 중동의 예멘은 사태가 매우 심각해서 현재 얕은 우물은 거의 고갈된 상태래. 예멘 수도 사나의 지하수가 연간 6~8미터씩 수위가 떨어지고 있어서 이대로라면 10~20년 내에 물이 완전히 고갈될 거라고 해. 사정이 이렇다 보니 예멘에서는 물 부족으로 많은 분쟁이 생기고 있어. 예멘뿐만 아니라 전 세계 약 30여 개 국가가 물 분쟁을 겪고 있다고 하는구나. 이런 현상은 앞으로 더욱 심해질 거라고 해. 물이 무한정한 자원이라는 생각을 버려야 할 때가 된 거야.

이스라엘과 팔레스타인의 분쟁을 흔히 영토와 종교 갈등으로 우리는 이해하고 있잖아. 그런데 여기에도 물 분쟁이 숨어 있어. 이스라엘에서 물을 통제하면서 조금밖에 안 나눠 주고 있다는 거야. 한때 200마리가 넘는 양을 기르던 팔레스타인의 한 축사는 지금은 텅 비어 있어. 왜냐면 물이 부족해지면서 키우던 양을 팔아 물을 사고 있기 때문이야. 양한 마리를 팔면 2~3개월은 버틸 수 있다고 팔레스타인 주민은 얘기해.

아프리카 수단의 다르푸르 지역은 예전에 비옥한 땅이었어. 그곳에서 푸르족과 아랍계 유목민은 서로 평화롭게 지냈지. 푸르족이 생산한 농산물들과 유목민이 키운 가축의 고기를 교환하면서 말이야. 그러다 기후 변화로 가뭄이 찾아들고, 물이 점차 부족해지자, 두 부족 사이에 분쟁이 생겼단다. 유목민들이 키우는 가축이 풀을 다 먹어 치우면 가뭄은 더 심해질 거라고 생각한 거야. 평소 자유롭게 드나들던 땅에는 어느새 경계선이 쳐지고 대립과 갈등의 골이 깊어졌어. 마침내 2003년 수단 정부의 아랍화 정책에 반기를 든 아프리카계가 무장 투쟁을 선언하게 돼. 전쟁이 시작되고 2006년 평화 협정 전까지 20만 명의 사상자와 250

만 명의 난민이 발생했단다. 표면적으로는 아랍계와 아프리카계의 인종 간 대립이었지만 그 안에는 물을 둘러싼 갈등도 있었단다.

아프리카 바로 옆에 위치한 중동 지역에는 산유국인 사우디아라비아가 있어. 주변국이 물 부족에 시달리는 것과는 달리 돈이 많아 물을 풍족하게 사용하고 있어. 예컨대 사료용 작물인 알팔파를 키우는 한 농장은 지하 수백 미터에서 퍼 올린 물을 사용한다는구나. 사람 먹을 물도 없는 와중에 사료로 쓰이는 풀을 키우는 데 필요한 물을 충분히 쓰고 있는 셈이지. 돈만 있으면 물을 끌어다가 쓸 수 있는데도 가난한 사람들은 먹을 물을 찾아 몇 킬로미터나 떨어진 길을 걸어야 하는 불평등, 참으로 안타깝기만 해.

중국도 물 부족 국가 중 하나야. 도시의 3분의 1이 물 부족을 겪고 있으며 수도인 베이징도 예외는 아니어서, 부족한 물을 충당하기 위해 지하수를 뽑아 쓰는 바람에 땅이 꺼지는 싱크홀 현상이 생기기도 한대. 이뿐만이 아니야. 우리나라 소양호의 20배나 되는 윈난 성 덴츠 호수는 예로부터 호수 바닥이 보일 정도로 맑고 아름다운 호수로 유명했어. 그런데 지금은 절반 이상이 녹조로 뒤덮인 흉한 곳으로 변해 버렸단다. 왜 이런 일이 생겼을까? 호수 주변에 우후죽순처럼 들어선 공장과 화훼 단지 때문이라고 해. 각종 폐수와 농약에 오염된 물 때문에 지금의 모습으로 변해 버린 거야. 중국이 경제 대국으로 성장하는 사이, 덴츠 호수는 생명을 잃어버렸어. 마실 물은커녕 농사도 지을 수 없는 물이 되어 버렸단다.

중국은 지금 양쯔 강, 황허 강 등 전국의 7대 하천 가운데 40퍼센트가 마실 수 없는 상태고, 1억 9000만 명이 오염된 물을 마시고 있다고 해. 중국 전역에서 물 때문에 사망하는 어린이가 해마다 6만 명에 이른 다는 통계도 있어. 사정이 이렇게 되니까 물 부족은 경제 성장에도 악영 향을 미치게 돼. 그러자 중국 정부는 티베트 쪽으로 눈을 돌렸단다. 티 베트 히말라야 고원 지대는 중국의 양쯔 강, 황허 강, 인도의 갠지스 강, 인더스 강 그리고 메콩 강의 발원지야. 중국이 그곳에다 세계에서 가장 많은 댐을 짓고 있어.

중국이 상류에 댐을 지어 물을 독점하자 하류에 사는 나라들, 특히 캄보디아와 베트남은 마음이 급해졌어. 메콩 강 주변국들은 물 조약을 맺고 강물을 공유하는 데 반해 중국은 조약을 맺지 않았거든. 게다가 앞 으로 댐을 더 지을 예정이라고 해. 만약 상류에서 물이 흘러 내려오지 않으면 강에서 물고기를 잡아서 먹고살던 사람들의 생계는 어떻게 되겠 어. 먹는 물도 부족해질 수 있고 주변 생태계도 큰 변화를 겪게 될 것이 뻔해. 메콩 강은 이제 국제 사회의 주요 관심사가 되었어. 그만큼 물이 중요한 분쟁의 요인이 되고 있다는 얘기겠지.

캘리포니아 주에서는 가뭄이 심할 때 수돗물로 정원에 물을 주면 벌금을 내야 한대. 물을 아껴 쓰라는 얘기지. 그런데 꽃을 가꾸는 데는 얼마나 물이 들까? 그것도 물 부족의 원인일까? 우리나라에서는 맞지 않는 말일지 모르지만 물이 부족한 나라에서는 아마도 사실일 거야.

유럽에서 팔리고 있는 장미의 70퍼센트가량은 생산지가 아프리카 의 케냐라고 해. 그것 때문에 케냐 주민들이 심각한 물 부족을 겪고 있 단다. 꽃에게 줄 물 때문에 사람이 물 부족에 시달리고 있는 거야. 농작물을 키우는 데 들어가는 물은 생각보다 많단다.

어른들이 즐기는 커피를 예로 들어 볼까. 예전에 비해 우리나라도 커피를 즐기는 인구가 많이 늘었어. 거리에 커피숍이 늘어난 것만 봐도 알 수 있지. 그런데 커피 한 잔을 만들려면 아프리카의 물을 140리터나 사용해야 한다는구나. 이해가 잘 되질 않지? 커피 믹스를 하나 타 마시는데 고작해야 200밀리리터 정도의 물이면 충분한데, 어떻게 그런 계산이 나왔을까?

우선 커피를 마시려면 원두(커피콩)가 있어야겠지. 원두를 만드는 과정은 다음과 같아. 커피나무를 키우고, 열매가 익으면 따서 껍질을 벗기고 말리지. 이렇게 해서 생산된 원두는 포장해서 세계 각국으로 보내져. 가정이나 카페에서 도착한 원두는 불로 볶은 다음 갈아서 가루로 만들지. 이걸 뜨거운 물로 찌거나 필터에 내려서 커피 한 잔을 마시게 되는 거야. 이 모든 과정에서 소모되는 물의 양이 대략 140리터 정도 된다는구나. 커피 한 잔 마시는 데 700배나 되는 양의 물이 들다니! 게다가 커피콩을 생산하는 나라들은 대부분 물 부족 국가들인데……. 아름다운 장미와 향기로운 커피에도 그들의 한숨이 배어 있다는 걸 우리는 기억해야 할 것 같아.

우리가 하루 생활에서 얼마나 많은 물을 소비하는지 가상수 개념으로 한번 살펴볼까?

휴일 아침 늦잠을 실컷 자고 일어난 우리는 간단하게 식빵과 우유를 먹고(335리터), 친구를 만나. 함께 옷가게에 가서 면 티셔츠(2700리터)를 사고, 근처 패스트푸드 점에서 햄버거로 점심식사를 한 후(2400리터),

카페에서 친구랑 커피를 한 잔 마시고(140리터), 저녁은 친구 생일이어서 피자를 먹었다면(1260리터), 이 과정에서만 총 6800리터의 가상수를 사용한 셈이야.

식빵의 원료인 밀, 티셔츠의 원료인 목화, 커피, 햄버거 패티로 들어가는 쇠고기 등은 모두 수입해 오는 것들이야. 예컨대 인도에서 면을 들여왔다면 그곳의 물 2700리터를 소비한 셈이야. 케냐산 원두로 만든 커피를 마셨다면 그 나라의 물 140리터를 소비한 거고. 물 부족 국가에서 수입한 농산물이나 육류, 공산품을 소비하는 일이라면 그 나라의 사정을 더욱 악화시키는 것이라고 할 수 있어. 물 부족을 해결하는 한 가지 방법은 되도록 국내에서 생산된 농산물을, 부득이하게 수입해야 할 경우라면 윤리적이고 공정하게 생산된 외국의 공산품들을 쓰려고 노력하는 거야. 그러면 커피 한 잔과 함께 하는 친구와의 시간이 더욱 뜻깊지 않을까?

가상수가 뭐예요?

물을 마시거나 세수를 할 때만 물을 소비하는 게 아니란다. 물건을 만들 때도 사용되지. 식품이나 여타 상품이 공장에서 제품이 생산되어 소비될 때까지 들어가는 물의 양을 가상수(virtual water)라고 해. 영국의 토니 앨런 교수가 제안한 개념이야. 식품이나 공산품 자체에 직접 포함되어 있지 않더라도, 그걸 만들고 유통하고 소비하는 데 필요한 물의 양을 가늠할 수가 있어. 우리 삶에서 물이 어떻게 사용되고 이동되는지 보여주는 데 유용한 개념이야.

와카워터 홈페이지 http://www.warkawater.org

와카워터

남아프리카 나미비아 사막의 '스테노카라'라는 딱정벌레는 아침에 안개가 끼면 물구나무를 선단다. 그러고 있으면 안갯속 수증기가 돌기 끝에 맺히며 점점 커지다가 물방울이 되어 입 속으로 흘러들어 온다는구나. 사막에서 물을 얻는 비법인 거지. 여기에 힌트를 얻어 만든 게 바로 와카워터라는 장비야. 대나무로 만든 높이 10미터 정도의 장치인데 공기 중의 물방울을 모아 매일 50~100리터의 물을 만들어 낸다고 해. 이탈리아의 디자이너 등이 참여한 '아키텍처 앤 비전'이라는 적정 기술 개발팀이 고안한 이 장치는 지금 물 부족으로 시달리는 에티오피아 등지에 보급 중이라고 해. 이런 노력도 그동안 부자 나라들이 소비한 가상수를 보상하는 하나의 방법이겠지.

인류의 역사를 돌아보면 전쟁이 끊이지 않았다는 사실을 알 수 있어. 지금도 마찬가지야. 과거에는 영토 확장을 위한 전쟁이었다면, 오늘날에는 에너지를 얻기 위한 전쟁이란다. 걸프전이나 이라크전은 명분과 달리 석유 자원을 확보하기 위한 전쟁이었다는 것은 공공연한 사실이지. 그렇다면 미래의 인류는 무엇으로 충돌하고 갈등할까? 그러지 않고 사이좋게 살아갈 수 있다면 더욱 좋겠지만, 만일 미래에도 전쟁이 벌어진다면 그것은 아마도 물 때문일 거야. 실제로 물은 인간이 살아가는 데 공기만큼이나 없어서는 안 될 자원이지만, 갈수록 귀해지고 있거든. 그렇다면 과연 지구의 물은 누구의 것일까? 인간이 소유권을 주장할 수 있기는 한 걸까? 평화롭게 물을 나눠 쓸 방법은 무엇일까? 현재를 살아가는 우리 모두가 고민해야 할 문제야.

바다

바다란 무엇일까? 도시에서 나고 자란 친구들이라면 "여름에 해수욕하는 곳이요." "배를 타는 곳이요." "생선을 잡는 곳이요." 하고 대답하겠구나. 바다는 저마다의 기억에 따라 다른 모습으로 떠오를 거야. 그래도 공통점을 찾자면 그건 '넓다'는 것이 아닐까? 고대 그리스의 호메로스라는 사람은 바다를 이렇게 표현했어.

"새가 1년을 날아도 다 갈 수 없는 바다, 그것은 너무나 광활하고 두렵도다."

정말 바다는 끝이 없잖아. 실제로 지구 표면적의 4분의 3을 덮고 있으니 육지에 사는 우리가 볼 때는 망망대해일 수밖에 없어. '우리를 둘러싼 바다', 이보다 적절한 말이 또 있을까? 지도를 보아도 세계는 바다에 둘러싸여 있으니까. 우리나라만 해도 삼면이 바다로 둘러싸여 있고 말이야.

사정이 이렇다 보니 바다가 지구 환경에 끼치는 영향도 크단다. 특히 기후 변화와 관련해서, 바다는 지구의 온도를 조절하는 기능을 하고 있어. 바다의 물은 열을 흡수하고 방출하는 능력이 뛰어나단다. 태양으로부터 엄청난 양의 열을 흡수해도 그다지 뜨거워지지 않고, 막대한 열을 잃어도 그다지 차가워지지 않아. 바다가 지구의 온도를 조절한다는 말이 바로 이거야. 만약 바다가 지금처럼 육지를 둘러싸고 있지 않다면 우리는 지금처럼 살 수 없었을지도 몰라.

그런데 최근 기후 변화로 바다에 큰 변화가 일고 있단다. 해양 온도 상승과 해수면 상승, 해양 산성화, 이 세 가지가 바로 그것이야. 바닷물이 뜨거워진다는 건 심각한 문제야. 특히 바다는 인간 활동에 의해 생성된 열의 90퍼센트나 흡수하는 걸로 알려져 있어. 그런 바다가 제 역할을 하지 못한다면 지구는 점점 더 뜨거워질 거야.

이렇게 수온이 올라가면 어떤 문제가 생길까? 우선 바다에 사는 해양 생물들의 삶에 영향을 끼쳐. 우리나라에서 한류성 어종인 명태가 사라진 게 좋은 예야. 물이 따뜻해지니까 살 수가 없었던 거지. 물고기들은 물 온도에 민감하게 반응할 수밖에 없어. 아마도 먹이 때문일 거야. 먹이 사슬의 가장 밑부분에 있는 플랑크톤 같은 생물들은 수온에 민감하단다. 예컨대 지구 온난화로 남극의 기온이 올라가자 플랑크톤과 크릴의 수가 급격히 줄어들었고 이걸 먹이로 하는 아델리펭귄의 수도 줄

바다는 인간 활동에 의해 생성된 열의
90퍼센트나 흡수하는 걸로 알려져 있어.
그런 바다가 제 역할을 하지 못한다면
지구는 점점 더 뜨거워질 거야.

어들었단다.

수온이 상승하면 한류성 어종들은 더 시원한 곳을 찾아 이동할 테고 그 빈자리는 따뜻한 물을 좋아하는 어종들로 채워지겠지. 그런데 온도의 변화가 생물들이 적응할 틈을 주지 않고 빠르게 일어난다면 어떻게 될까? 연어 같은 회귀성 어종은 바다에서 살다가 산란 철이 되면 강으로 돌아오는데 바닷물 온도가 변한다면 제대로 고향엘 찾아올 수 있을까?

바다는 지구 동식물 중 약 80퍼센트가 사는 곳이야. 지구의 마지막 미개척 영역이며, 식량 자원의 보고라고들 하지. 우리 국민이 하루에 섭취하는 동물성 단백질 중 41.7퍼센트를 수산물에서 섭취하고 있다는 통계가 있어. 바다는 플랑크톤이나 물고기뿐만 아니라 우리 인간에게도 매우 중요한 식량 자원이야. 수온 상승이 아델리펭귄의 문제만은 아니야. 우리의 삶은 모두가 다 연결되어 있어. 어디 한 군데만 삐거덕거려도 전체가 흔들릴 수 있다는 거지. 생태계가 온전히 유지되는 일이 얼마나 중요한지 실감 나지 않니?

만약에 조개의 껍데기가 사라지면 어떻게 될까? 게나 새우의 딱딱한 겉껍질도 없어진다면? 장난 같지만 실제로 이런 일이 벌어질 가능성이 있다고 해. 바로 해양 산성화 때문이지. 2007년 제4차 유엔 정부 간 기후 변화 위원회(IPCC)에서 발표한 보고서에 따르면 "대기 중 이산화탄소 농도의 상승에 의해 해양 산성화가 진행되고 있다"고 해. 국제기구에서 공식적으로 경고한 거야. 산성화가 뭐기에 조개껍데기까지 들먹이는 걸까 하고 궁금해 하는 친구들을 위해 잠깐 설명을 해 볼게.

학교에서 수소 이온 농도 지수(pH)에 대해 배운 적 있지? pH가 7 이상이면 알칼리성이고 그 이하면 산성이야. 그런데 산업 혁명 이후 약 130여 년 동안에 그 수치가 8.179에서 8.104로 낮아졌단다. 좀 더 바다가 산성화되었다는 뜻이야. 그 이유는 공기 중의 이산화탄소 때문이란다. 이산화탄소가 바닷물과 반응하면서 수소 이온 농도를 상승시킨다고 해. 중요한 것은 바닷물의 산성화가 생태계에 엄청난 변화를 몰고 온다는 거야.

조개껍데기나 바닷속 갑각류의 외피를 형성하는 주성분은 탄산칼슘이야. 그런데 늘어난 수소 이온에 의해 껍질이 형성되는 과정이 방해를 받게 되는 거야. 쉽게 말해 좀 더 물렁물렁해진다는 것이지. 이뿐만이 아니야. 바닷물의 산성화는 연어나 뱀장어처럼 회귀성 어류의 방향 감각을 상실하게 할 수도 있다고 해. 인간이 내뿜는 이산화탄소가 멀리 바다 생물까지 영향을 미친다니 정말 책임이 막중하지?

최근에는 '환경 난민'이라는 새로운 말이 생겼어. 말 그대로 환경 변화가 가져온 결과지. 남태평양에 위치한 섬나라 투발루는 해발 평균 2미터로 지대가 매우 낮아. 가장 높은 곳도 5미터 정도밖에 안 되거든. 지금 이곳은 해수면 상승으로 심각한 위기를 겪고 있단다. 밀물 때면 바닷물이 넘쳐 들어와 농사를 지을 수도 없어. 지구 온난화로 인해 해수면이 상승해서 투발루는 모두 아홉 개의 섬으로 되어 있는데 이미 두 개의 섬이 물속으로 잠긴 상태란다. 투발루 사람들은 섬에서 언제까지나 살고 싶어 해. 지금 투발루 사람들은 전 세계에 호소하고 있단다. 투발루를 살려달라고 말이야. 세계인 모두가 투발루를 살리는 방법은 뭘까?

산업 혁명 이후 지난 130여 년 동안 지구의 온도는 몇 도나 올랐다고 했지? 겨우 0.85도야. 그런데 그 결과를 보면 '겨우'라는 말이 적절하지 않다는 걸 알게 될 거야. 지구의 환경은 스스로 조절하는 기능이 있거든. 웬만하면 자정 능력을 통해 현재 상태를 유지할 수가 있다는 거지. 그럼에도 겨우 100년 안팎이라는 아주 짧은 기간 동안 기온이 이만큼 상승했다는 것은 이미 자정 능력을 넘어섰다는 '지구의 경고'로 봐야 할 것 같아.

온도가 상승하도록 만든 일등공신은 바로 온실가스란다. 그 가운데서도 이산화탄소가 가장 큰 영향을 미쳐. 이산화탄소 배출량이 엄청나게 늘어난 까닭은 전 세계 20퍼센트의 '잘사는 나라'들 때문이야. 20세기 후반과 21세기에 들어와서 이산화탄소 배출량은 급속한 증가세를 보이고 있어. 참고로 우리나라는 전 세계 이산화탄소 배출 순위 7위를 달리고 있단다. 이 순위는 누군가에게 피해를 주고 있다는 말이야. 부자 나라들이 이산화탄소를 마구 배출하는 바람에 투발루나 키리바시 같은 나라들이 오늘날 위기에 빠져 버린 거니까. 투발루 같은 나라들을 살리려면 지금 당장 이산화탄소의 양을 줄여야 해. 결국 에너지를 아껴야 한다는 얘기지. 에너지 소비를 줄이는 일은 비단 돈을 절약하고 자원을 아끼는 일에 한정되지 않고 이렇게 한 나라를 구하는 일이 되기도 한단다.

동해안에 여행을 가본 친구라면 아름다운 백사장을 기억할지 모르겠구나. 끝없이 펼쳐진 모래밭은 정말 근사하지. 백사장 주변의 소나무 숲은 또 어떻고. 정말 우리나라의 자연환경은 축복이구나 하는 생각이 절로 들 거야. 그런데 얼마 전 경포대를 찾았다가 깜짝 놀랄 광경을 보왔단다. 백사장 중간이 뭉텅뭉텅 잘려 나가서 마치 절벽처럼 되어 버린 거야. 불과 몇 년 사이에 딴판이 되어 있었어. 누군가 해안 침식 현상이 일어난 거라고 설명해 주더구나.

해안 침식의 원인은 여러 가지가 있을 수 있어. 기후 변화로 해수면이 상승하고 그로 인해 파도나 파랑이 거세져서 해안이 침식되는 경우도 많아. 바닷가에 인공물을 설치했을 때도 그와 같은 현상이 벌어지지. 해류의 흐름이 바뀌면서 바닷물이 한곳으로 몰려와 해안이 침식되기도 해. 가령, 항구를 짓거나 제방을 쌓게 되면 바닷물이 고루 해안에 닿지 못해 인공물이 없는 모래사장 쪽으로 집중되지. 그 결과 해안이 단기간에 뭉텅 깎여 나가는 일이 생기기도 해. 해안 침식은 보기에 안 좋은 데에 그치지 않아. 해안 침식으로 인해 해안가 주택에 균열이 생기고 해안 도로가 붕괴되는 등의 피해도 빈번하게 발생하고 있단다.

우리가 주목해야 할 것은 무분별한 개발로 인한 해안 침식이야. 항만과 방파제 등 인공 구조물도 그렇지만 모래를 퍼 가는 것도 원인이 된단다. 도시에서 건물을 짓거나 하는 데 쓰이는 모래는 원래 염분이 없는 강에서 채취하는데 그 양이 줄어들자 바닷모래까지 사용하는 거야.

나는 제모습을 잃은 백사장을 보며 가슴 한곳이 쓸려나간 듯했어. 파도가 들어오고 나갈 때마다 장난스럽게 발자국을 찍으며 놀던 넓디넓은 백사장을 더 이상 볼 수 없으니까. 인간이 자연을 마음대로 변형시킨 대가를 우리는 앞으로 얼마나 더 고통스럽게 치러야 할지 걱정이 되더구나.

땅이나 마을 이름에는 다양한 사연들이 있단다. 17세기 초 이야기를 한번 들려줄게.

1620년, 청교도들은 종교의 자유를 찾아 영국을 떠나 아메리카 대륙으로 갔어. 그들이 정착한 곳은 지금의 매사추세츠 주에 있는 '케이프코드'(cape cod)였는데 우리말로 하면 '대구 곶'이야. 왜 하필 그런 이름이었느냐면, 근처가 대단한 대구 어장이었거든. 일단 굶을 걱정은 하지 않아도 됐고, 먹고 남은 걸 팔아 돈을 벌 수 있었으니 정착할 만한 조건은 다 갖추었지? 실제로 케이프코드에는 어촌이 형성됐고, 그 규모가 점점 커져서 보스턴이라는 도시도 생겨났단다. 대구라는 물고기가 도시를 형성하는 밑바탕이 된 거야.

콜럼버스가 북아메리카 대륙에 도착하기 훨씬 전, 노르웨이에서 출발한 바이킹이 아이슬란드, 그린란드를 거쳐 캐나다에 닿을 수 있었던 것도 바로 대구 덕분이었어. 길고 긴 항해 동안 먹을거리가 없었다면 불가능한 일이었겠지. 대구는 지방이 적어서 말리거나 소금에 절이면 오랜 시간 보관이 가능했대. 그 덕에 긴 항해가 가능했던 거야.

유럽 사람들이 대구 맛을 알아갈 무렵 대규모 서식지가 속속 발견되었고, 마침내 큰 무역 시장이 열리게 되었단다. 처음에는 돛단배를 타고 나가 낚시로 잡다가 기술이 발달하면서 전문적인 트롤선이 등장했지. 트롤선은 커다란 그물을 배 밑에 부착해서 밑바닥까지 싹싹 쓸어 모으며 고기를 잡는 배야. 결과는 어떻게 되었을까? 1000년에 걸친 대구 잡이는 무차별 남획으로 위기에 처하게 된단다. 대구는 더 이상 잡히지 않았고 쓸모가 없어진 트롤선은 고철로 팔리게 되었어. 남획의 결과는 이렇게 대구와 고별 인사를 할 겨를도 없이 그 종이 사라지게 만든 것으로 끝났단다. 우리는 왜 끝을 보기 전까지는 자연이 무한정할 거라는 착각을 하는 걸까?

대구는 입을 벌린 채 헤엄쳐 다니며 뭐든 닥치는 대로 먹는대서 붙여진 이름이야. 그런데 인간이야말로 바로 이 대구가 아닐까 싶어. 욕심에 눈이 멀어 돈이 되기만 하면 뭐든 잡아들이고 쓰다가 마침내 끝장을 보고야 마는 존재. 위와 같은 사례가 있어도 남획은 여전히 기승을 부리고 해양 생태계의 종 다양성은 갈수록 줄어들고 있단다.

습지

내가 학교에 다니던 시절에는 지도 그리는 숙제를 많이 했어. 대동여지도의 김정호는 전국을 돌아다니며 지도를 그렸는데 보고 따라 그리기쯤 뭐가 어려울까 생각했지. 그런데 막상 그려 보면 그렇지가 않았어. 동해안은 한 번에 쭉 그릴 수 있는데 남해와 서해는 꼬불거리는 해안선 때문에 참 어려웠어. 나중에 어른이 되어 여행하다 보니 특히 꼬불거리는 서해안 해안선에는 개펄이 참 많이 있더구나.

이미 알고 있겠지만 개펄이야말로 생태계의 보고야. 물이 빠져나가고 나면 먹이를 찾아 나온 생물들이 와글와글해. 우선 셀 수 없이 많은 게들이 있지. 계속 꼼지락거리며 무언가를 하는데 자세히 보면 집게발로 뻘 흙을 입에 집어넣고 있어. 흙에 붙은 먹이를 먹는 거란다. 간혹 개펄에 작고 동그란 모래 구슬이 잔뜩 있는 게 보이는데 바로 엽낭게가 먹이를 골라 먹고 뱉어낸 모래야. 이 밖에도 개펄에는 조개, 갯지렁이 등 저서 생물이 많단다. 이들을 먹이로 삼는 새들도 모여들지. 개펄에는 식물들도 많이 살아. 소금기 많은 땅에서 사는 칠면초, 해홍나물, 퉁퉁마디, 해당화, 갯방풍 같은 염생 식물(소금기가 많은 땅에서 자라는 식물)이 대표적이란다.

개펄의 가치는 이렇게 다양한 생물들을 품는다는 것 말고 또 있어. 바로 정화 기능이야. 육지에서 바다로 흘러드는 물이 개펄을 거치며 깨끗해진단다. 개펄이 정수기의 필터 같은 역할을 하는 거야. 또 홍수 등 자연재해가 발생했을 때 수위를 조절하는 기능도 한단다. 한꺼번에 쏟아지는 물을 잠시 담아 두어서 속도를 조절하는 역할을 하는 거야.

2005년 허리케인 피해를 입은 뉴올리언스에 침수된 곳을 조사해 보니 이전에 습지였다고 해. 개펄처럼 지역 내 물의 양을 조절하는 역할을 하는 지대였던 거지. 오랜 시간 자연이 만들어 놓은 땅이었던 거야. 그걸 모두 흙으로 메워 주택가로 만들어 버리는 바람에 습지의 조절 능력이 사라졌고 결국 갑자기 불어난 물이 바다로 나가지 못하고 역류해서 도시가 물에 잠긴 거란다.

저서 생물

바다 밑바닥에 사는 해양 생물로 바다 밑바닥에 굴을 파고 살거나 바닥에 몸을 붙이거나 바닥 주위를 헤엄쳐 다녀.

사람들은 이런 생태적 기능을 무시하고 무조건 인간에게 이득이 되는 형태로 땅을 바꾸려고 해. 우리나라의 새만금 간척 사업이 대표적이야. '만'(萬)경 평야와 '김'(金)제 같은 땅을 새롭게 만든다는 의미로 '새만금'이라 붙였대. 세계 최대의 방파제를 짓고 그 안을 육지로 개발하는 야심 찬 계획이었지. 1991년부터 2010년까지 무려 19년간 진행된 이 사업으로 드넓은 개펄은 결국 흙으로 메워졌어.

자연적으로 형성된 땅은 다 이유가 있단다. 이걸 무시하고 인간이 마음대로 땅을 변형시키는 게 과연 올바른 일일까. 오랜 세월 동안 쌓여 온 자연을 한순간에 뒤바꾸는 간척 사업은 오만하고 위험한 행동이야. 개펄을 메우기 위해 주변 산도 다 깎아 내야 했거든. 그 안에 얼마나 많은 생명이 사는 지에는 도통 관심도 없단다. 우리는 개발을 위한 넓은 땅을 얻었지만 그 대가로 아름다운 자연 생태계를 파괴하고 말았어. 그걸 깨닫기까지 얼마나 많은 시간이 필요할까. 새만금 같은 대규모 간척 사업이 가져올 피해를 우리는 아직 알지 못해.

카스피 해에 접한 이란의 휴양 도시 람사르는 1971년 습지 보호를 위한 국제 협약이 체결된 장소로 유명해. '람사르 협약'이라고 불리는데 물새의 서식지인 습지를 보호하기 위한 국제적 노력의 결과란다. 여기에 가입한 나라는 습지를 보전하는 정책을 펴야 한단다.

우리나라 습지 보전법에 의하면 습지란 "담수, 기수(바닷물과 민물이 섞여 염분이 적은 물) 또는 염수가 영구적 또는 일시적으로 그 표면을 덮고 있는 지역으로서 내륙 습지 및 연안 습지를 말한다"고 되어 있어(습지 보전법 제2조). 또한 람사르 협약에서는 습지를 "자연 또는 인공이든,

영구적 또는 일시적이든, 정수 또는 유수이든, 담수, 기수, 혹은 염수이든, 간조시 수심 6미터를 넘지 않는 곳을 포함하는 늪, 습원, 이탄지"라고 정의하고 있단다(협약 제1조). 우리나라에는 우포늪, 순천만, 고창 부안 개펄, 강화 매화마름습지 등 22군데 늪과 개펄, 습지 등이 이 협약에 등록되어 있어(2016년 6월 기준).

철 따라 먼 곳으로 이동하는 새들은 중간에 이런 습지에 내려 휴식도 취하고 먹이도 구하지. 하지만 인간의 개발로 전 세계적으로 이런 땅들이 사라지고 있어. 습지가 사라지면 새들도 살 수가 없지 않겠니? 멸종 위기종으로 내몰린 새들이 그나마 보존 노력 덕분에 근근이 생명을 유지하고 있어.

2014년 11월 순천에서 '두루미 심포지엄'이 열렸어. 순천만은 겨울이면 찾아오는 흑두루미들의 군무가 장관을 이룬단다. 흑두루미는 예민해서 조금이라도 불편하면 다시는 찾지 않는대. 그런 점에서 순천만은 새들이 편히 먹고 쉴 수 있는 장소야. 지금 순천만을 찾는 흑두루미 수만 해도 1000마리가 넘는다고 해. 그들을 보려고 찾아오는 관광객만도 연간 200만 명이나 된다는구나. 새를 보호하려는 노력이 결국은 경제적인 이득으로 돌아온 거야. 하지만 원래부터 이랬던 것은 아니란다.

1990년 중반만 해도 순천시는 이곳에서 골재 채취를 벌일 예정이었단다. 당연히 습지는 사라질 위기에 처하게 되지. 그러자 뜻있는 시민들이 나서서 보존을 요구했어. 그 덕분에 지금의 모습을 갖추게 된 거야. 만일 그때 눈앞의 이익을 위해 골재 채취에 나섰다면 어떻게 됐을까? 두루미는 고사하고 인적조차 드문 척박한 땅이 되고 말았겠지.

세계적 희귀 새인 저어새는
해마다 3월이면 우리나라를 찾아와.
이들은 송도 개펄에서 먹이를 찾아 먹으며 살아.
문제는 인천 앞바다의 개펄이 점점 사라진다는 거야.
저어새가 먹이 활동을 하는 송도 개펄은
곧 매립될 예정이야.

세계적인 희귀 새인 저어새는 해마다 3월이면 우리나라를 찾아와. 2009년부터는 인천 남동유수지 인공 섬에 둥지를 틀었는데 그래서 '저어새 섬'이라고 이름 붙이기도 했지. 이들은 송도 갯벌에서 먹이를 찾아 먹으며 살아. 문제는 인천 앞바다의 갯벌이 점점 사라진다는 거야. 저어새가 먹이 활동을 하는 송도 갯벌은 곧 매립될 예정이야. 습지 보호 지역으로 일부 남겨 두었지만 매립지에 둘러싸인 그곳이 제대로 기능을 할 수 있을지 의문이야. 저어새가 다시 그곳을 찾을지도 알 수 없는 일이고.

날아온 새들이 충분히 먹고 쉴 수 있도록, 또 지역 주민이 오래도록 살 여건을 마련하기 위해, 우리는 개발이라는 것에 신중할 필요가 있어. 바다와 육지가 만나는 곳은 다양한 생물들이 그들만의 생태계를 꾸려가고 있단다. 그 모습을 보고 싶어 하는 사람들의 발걸음이 끊이지 않는 순천만을 보면 인간과 자연이 서로가 맞물려 돌아가는 톱니바퀴 같지 않니? 어느 하나가 멈추거나 삐끗하면 전체가 고장 나게 돼. 우리나라의 갯벌이 사라지니 새들이 머물지 못하고 일본이나 중국 등으로 날아가 버리기도 해. 철새를 내년에 또 만날 수 있을까?

숲

숲과 종이

아침부터 저녁까지 우리는 종이와 더불어 생활하고 있다고 해도 과언이 아니야. 물건을 사면 딸려 오는 포장지, 통조림 캔이나 각종 병에 붙은 종이, 식품 포장재에 붙은 스티커, 오자마자 쓰레기통으로 직행하는 각종 전단지, 홈쇼핑 우편물들과 지역 정보지 등등, 엄청나게 많지. 재활용 쓰레기장에 가면 산더미처럼 쌓여 있는 걸 볼 수 있을 거야.

그런데 이 많은 종이는 도대체 어디서 오는 걸까? 종이를 나무로 만든다는 것쯤 이미 알고 있겠지만, 정작 버려진 종이를 보면서 숲을 떠올리는 사람은 많지 않을 거야. 그게 몇백 년 전 한 알의 씨앗에서 시작된 원시림 어딘가에서 자라던 나무였다는 사실은 더더군다나 상상하기 어렵지. 그런 의미에서 나무가 종이로 되는 과정을 잠깐 살펴볼까 해.

먼저 재료가 되는 나무를 숲에서 베어 오지. 그런 다음 트럭, 기차, 배 등을 이용해 제지 공장으로 보내. 공장에서는 통나무를 잘게 잘라 가공하기 쉽게 한 다음 나무를 딱딱하게 하는 성분인 리그닌(lignin)을 제거해서 섬유질을 부드럽게 만든다. 이걸 화학 처리하면 고급 펄프를 얻어. 펄프를 표백 처리하고 물에 희석시켜 망에 흩뿌리고 물기를 말리면 바로 지금 우리가 쓰는 '종이'가 탄생하게 되는 거야.

오늘날 종이는 종류도 다양하고 질도 무척 좋단다. 예전의 거칠고 투박한 종이가 지금은 부드럽고 하얗고 질긴 종이로 변했지. 그만큼 기술이 발전했다는 뜻이겠지.

인류는 오래전부터 기록을 남기고 싶어 했어. 종이가 발명되기 훨씬 이전부터 돌이나 나무껍질, 점토판 등에 글을 써서 자신들의 역사를 기록했지. 예컨대 고대 이집트인들은 파피루스를 이용했단다. 나일 강에서 흔하게 자라는 이 풀의 줄기 속을 뽑아 얇고 길게 만든 다음에 이걸 겹쳐서 잇는 거야. 그러면 두루마리 형태의 종이가 된단다. 동물의 가죽을 사용하기도 했어. 고대 그리스인들은 양의 가죽을 부드럽게 해서 만든 '양피지'를 사용했단다.

그렇다면 오늘날 우리가 쓰고 있는 종이는 언제 만들어졌을까? 역사상 최초로 종이를 만든 사람은 중국의 채륜이야. 그는 꾸지나무 껍질을 짓이겨 물에 희석시킨 다음 말려서 만든 '한지'를 최초로 개발해 냈어. 채륜은 꾸지나무뿐 아니라 리넨(linen)의 재료인 아마와 대마 등의 식물로도 종이 만드는 법을 개발했다고 해. 오랜 시간 동안 종이는 동양에서만 만들어졌어. 그러다 유럽으로 전해졌지. 그때만 해도 기계가 없으니 일일이 사람의 손을 거쳐야 했단다. 나무줄기로 종이를 만들기 시작한 것은 150년 정도 되었어. 그 뒤로 모든 것이 달라졌지.

수공업이던 제지 기술이 산업 혁명으로 기계화되면서 종이를 만드는 속도가 빨라지고 생산량이 놀라운 속도로 늘어났어. 그러면서 지금은 행주 대신 종이 타월, 손수건 대신 휴지를 쓰게 되었지. 천을 빨아 쓰는 대신 흔해진 종이를 사용하게 된 거야. 그만큼 나무가 많이 잘려나가고 있어. 산업용 목재의 42퍼센트가 종이의 원료로 쓰인단다.

종이 생산량을 보면 곧 지구 상에 나무가 사라질 것 같은 위기감이 들 때도 있어. 나무가 중요하다는 건 다들 알고 있지. 그래서 제지 회사들은 숲에서 벌목한 뒤 그곳에 펄프의 원료가 될 나무를 다시 심는단다. 그래야 다음에 또 종이를 만들 수 있으니까. 그런데 여기에도 문제가 있어. 어차피 새로운 나무가 자랄 텐데 무슨 걱정이냐고?

펄프로 쓰기에 좋은 수종을 골라 심다 보니 단일 종만 늘어나게 된다는 거야. 자연스레 형성된 숲은 사라지고 그 자리에 일종의 나무 농장이 들어서는 거지. 단일 종의 위험성은 앞서도 얘기했으니 잘 알 거야.

병충해가 돌면 순식간에 다 사라질 수도 있어. 그래서 나무가 병에 걸리지 않도록 화학 물질을 뿌려 댄단다. 그런 곳에 다른 생명이 함께 살 수가 있을까? 우리가 아는 숲은 다양한 생명체들이 한데 어우러져 사는 곳이야. 숲은 공기를 정화시키고 산사태를 막으며 지하수를 풍부하게 하는 역할도 하지. 그런데 펄프를 위해 조성된 숲은 이런 것들과는 거리가 멀어. 그뿐만 아니라 그곳에 있는 나무들도 예전의 나무가 아니란다. 제지 회사들은 강력한 제초제에 견디고 생장 속도가 빠른 나무, 리그닌 함량이 낮아 목질이 부드러운 나무를 유전자 조작으로 만들어 내기에 이르렀거든. 일명 '프랑켄 트리'가 그것이야. 이 프랑켄 트리는 목질이 부드러워 태풍에 취약할 수 있다고 해. 만약 프랑켄 트리가 자연 생태계로 퍼져 나간다면 어떤 문제가 생길까? 바람에 약한 나무라……. 나무가 생태계에 미치는 영향은 어마어마하거든.

우리나라 한 해 종이 소비량은 약 860만 톤이 넘는다고 해(2007년 기준). 나무 1억 4600만 그루에 해당하는 양이야. 해마다 식목일에 5200만 그루의 나무를 심어. 우리가 한 해 종이로 소비하는 양의 3분의 1에 불과해. 엄청난 양을 소비하고 있지? 결국 종이를 덜 쓰는 것이 나무를 심는 것과 같은 효과인 거야. 그렇다고 종이를 전혀 안 쓸 수는 없잖아. 그래서 가능하면 재생지를 쓰자는 거야. 재생이란 재활용한 종이를 40퍼센트 이상 포함한 것을 말해. 그만큼 나무를 베어 내지 않아도 되니까 얼마나 좋아.

우리나라에서 한 해 복사지로 사용되는 종이가 2억 9000만 킬로그램 정도 된다고 해. 한 장씩 쌓아 올리면 63빌딩 높이의 종이 탑을 53개나 올릴 수 있는 양이지. 어마어마하지. 한때 디지털 바람이 일면서 종이 사용량이 급격히 줄 거라는 예측이 있었어. 이메일을 주고받고 모니터로 보니까 그만큼 종이를 아낄 거로 본 거지. 그런데 이런 예상은 크게 빗나가고 말았단다. 디지털 시대가 도래하면서 정보량은 넘쳐나는데 이걸 모니터로 한 번 보고 마는 건 너무 불편하단 말이지. 그래서 프린터로 출력해서 밑줄도 긋고 서류함에 넣어 분류도 하게 된 거야.

아까도 말했지만, 이때도 재생지를 사용하면 그나마 많은 나무를 살릴 수 있어. 지금 우리가 소비하는 복사지 가운데 10퍼센트만 재생지를 써도 매일 760그루, 해마다 27만 그루를 살릴 수 있다고 하는구나.

우리나라 펄프 사용량은 284만 톤인데 이중 국내에서 생산하는 건 48만 톤에 불과해(2012년 한국 제지공업 연합회 통계). 나머지는 다 외국에서 들여와야 하는 거지. 수입에 의존하면 나라 경제도 어려워질 수 있어. 예컨대 2010년에 칠레에 지진이 났을 때 전 세계 펄프 값이 두 배 가까이 치솟았단다. 우리나라도 직격탄을 맞았지. 한 해 수입하는 펄프의 30퍼센트가량을 칠레에서 가져왔거든.

장기적으로 볼 때 종이 사용량을 줄이는 한편, 재생지 활용 비율을 높이는 게 좋을 듯해. 국내 폐지 회수율은 80퍼센트가 넘고, 전체 폐지 사용량 가운데 국내산 비율이 85퍼센트에 이른단다. 수입할 양을 줄일 수 있다는 거야. 일반 종이를 만들 때 80퍼센트를 외국에서 수입하는 것에 비하면 국내 자급력이 대단히 높은 셈이야. 재생지를 만들 때는 조금만 수입해도 되니까, 경제적으로도 이익이라는 거지.

재생지를 쓰면 나무를 베거나 화학 약품을 써서 펄프를 만들지 않아도 되겠지. 요즘은 기술이 발전해서 예전처럼 색이 칙칙하고 촉감이 거칠지도 않아. 정부에서도 재생지의 장점을 알리고 소비를 늘리고자 'GR 인증' 제도를 도입했어. 품질에 대한 기준을 도입해서 소비자들이 믿고 쓸 수 있도록 한 거지. 예컨대 재생 복사지의 경우 100매 넘게 연속 복사했을 때 인쇄 상태가 선명해야 하고 종이 걸림 현상이 일어나지 말아야 이 기준을 통과할 수 있어.

연구에 따르면 사무실에서 쓰는 종이 가운데 45퍼센트가 출력한 그날 쓰레기통에 들어간대. 약 315만 그루의 나무에 해당하는 양이야. 종이가 만들어지는 과정을 이해하고, 이 때문에 사라지는 숲을 생각한다면 달라질 수 있을 거라 생각해. 이를 위해 우리 각자 할 수 있는 일이 있을 거야.

제지 회사에 재생지 생산 비율을 높이도록 요구할 수도 있고, 가정이나 회사에서 재생지를 사는 거야. 재생지 책이나 잡지, 제품을 사는 것도 좋은 방법이야. 좋아하는 만화책이 나오면 출판사에 전화해서 다음부터는 재생지로 만들어 줄 수 없느냐고 요청도 해 보고 말이야. 아무래도 소비가 늘면 생산도 많이 할 테니까. 다 쓴 종이를 재활용할 수 있도록 분리 배출을 확실히 하는 것도 중요해. 신문이나 잡지, 공책 들을 차곡차곡 잘 정리해 놓았다가 버리는 습관을 키우는 거지.

아끼는 것도 좋은 방법이야. 휴지 대신 손수건을, 종이 타월 대신 행주를, 일회용 종이컵 대신 컵을 사용하면 그만큼 종이의 소비가 줄어들 수 있어. 이 모든 것은 결국 양심과 실천의 문제란다. 습관적으로 휴지 한 장을 '톡'하고 뽑는 순간, 도끼를 든 나무꾼이 된다는 걸 되새길 필요가 있어. 숲이 사라지면 생태계가 망가지고 결국 우리 인간도 살 수 없게 돼. 종이 사용을 줄이는 일이 곧 우리를 위한 일이라는 걸 늘 기억했으면 해.

종이컵을 만들려면 얼마나 많은 나무가 필요할까? 미국은 연간 160억 개의 종이컵을 사용하는데, 프랑스 전력청의 계산 방식에 대입해 보면 이를 위해 6500만 그루의 나무가 벌목되고 1만 5000리터의 물이 사용되며 11만 4758톤의 쓰레기가 발생한다고 해.

우리나라 사정은 어떨까? '자원순환 사회연대'의 보고서에 따르면 연간 약 135억 개의 종이컵을 사용한대. 종이컵을 만드는 과정에서 배출되는 이산화탄소를 흡수하려면 1년에 4725만 그루의 나무를 심어야하지. 미국보다 적게 쓴다고? 인구를 생각해 보렴. 과연 우리가 미국보다 적게 쓰는지를. 우리나라에서 종이컵을 쓰느라 5384만 그루의 나무가 벌목되고 1만 2656리터의 물이 사용된단다. 여기에 9만 7369톤의 쓰레기는 덤으로 생기는 거고. 이로 인해 환경 오염이 나날이 심각해져.

우리가 편하게 사용하는 일회용품이 분해되어 자연 상태로 돌아가기까지, 종이는 2~5개월, 우유팩은 5년, 비닐봉지는 적어도 20년에서 몇백 년이 걸린다고 해. 포장재로 잘 쓰이는 스티로폼 같은 경우는 자연 분해되기까지 500년 이상이 걸려. 그 긴 시간을 쓰레기로 남아 있게 되는 거야. 비유하자면 이순신 장군이 살던 시대에 버려진 쓰레기가 오늘에야 사라진다는 뜻이야. 어느 정도의 시간이 필요한지 가늠이 되니? 게다가 종이는 썩으면서 다량의 탄소를 배출한단다. 새 종이 소비는 여러모로 반생태적인 생활 습관이지?

숲은 생명의 터전

호주 이야기를 잠깐 해 볼게. 호주는 극심한 가뭄과 강풍으로 여기저기서 산불 발생이 빈번하단다. 한번은 산불을 진화하던 소방관이 화상입은 코알라 한 마리를 발견했어. 화상을 입긴 했지만 아직 살아 있었지. 소방관이 구조한 코알라에게 생수병의 물을 먹이는 사진은 너희도 보았을지 모르겠구나. 그 코알라에게 간호하던 사람들이 샘이라는 이름을 지어 주었대. 아쉽게도 샘은 사람들의 극진한 간호에도 화상 합병증으로 생을 마감했단다. 네 발에 붕대를 칭칭 감고도 씩씩한 모습을 보여주던 코알라 샘의 죽음에 많은 사람들이 슬퍼했지. 뉴스에 등장할 만큼 화제가 되었던 사건이었단다.

그런데 나는 이 뉴스를 보다가 그동안 우리가 동물들이 어떻게 살아가는지에 대해 너무 무관심했던 건 아닌가 하는 생각이 들었어. 우리는 보통 산불이 나면 인명, 재산 피해만 따지잖아. 다행히 인명 피해는 없었으나 몇천만 원의 피해를 입었다, 보통 신문이나 방송에 이런 식으로 보도되지. 산불이 나서 동물 몇 마리가 희생되었다는 식의 보도를 본적이 없어. 하지만 생각해 보렴. 숲은 동물들의 집이야.

나무 한 그루가 얼마나 많은 생명을 품고 사는지 한번 볼까? 5월 어느 날 오리나무 잎을 뒤집었더니 노란 알이 잔뜩 붙어 있었어. 찾아보니까 오리나무잎벌레의 알이었어. 노란 알은 햇빛을 받아 마치 구슬 같았지. 깨알같이 작아서 확대경으로 들여다봐야 잘 볼 수 있었단다.

우리나라 숲에 많은 참나무, 여기에도 참 많은 생명이 살고 있어. 참나무 줄기에 보면 가끔 움푹 파인 부분이 있어. 동공이라고 하는데 어느 날 그곳에서 하늘다람쥐의 똥을 발견했어. 이건 그곳에서 하늘다람쥐가 머물렀다는 뜻이잖아. 흔적뿐이었지만 실제로 모습을 본 것처럼 반가웠단다. 그런데 나무와 함께 사는 건 하늘다람쥐뿐만이 아니었어. 그 안을 들여다봤더니 구슬무당거저리, 참검정풍뎅이, 먼지벌레, 거기다 무시무시한 가시가 돋은 가시개미까지 잔뜩 있었어.

참나무의 밑동엔 이끼가 살아. 그리고 그 이끼 사이로 애사슴벌레가 숨어 있던 걸 본 적이 있어. 한낮에는 나방들이 보호색을 하고 나무 줄기에 붙어 날개를 편 채 쉬고 있고, 밤에는 야행성인 하늘소도 만날 수 있단다. 여름엔 매미가 수액을 빨아먹으며 맴맴 울기도 하지. 우듬지에는 새들이 둥지를 틀고 살아. 참나무에 도토리가 열리면 그 도토리 안에 알을 낳는 거위벌레도 있어. 그들 역시 참나무에 기대어 사는 생명들이지. 새들이 참나무를 찾는 것도 바로 이런 곤충이나 열매 때문이야. 그들에게는 아주 중요한 먹잇감이거든.

새와 나무는 서로 돕고 산단다. 나무가 새들에게 먹이와 안식처를 제공하는 한편, 새들은 나무 열매를 멀리 나르는 역할을 하지. 우리 숲의 텃새인 어치는 가을이면 도토리를 입에 물고 땅에다 꾹꾹 박아 둔단다. 추운 겨울에 꺼내 먹으려고 말이야. 보통 도토리 하면 다람쥐를 떠올리지만 어치도 그래. 그런데 이렇게 땅에 박아 둔 도토리를 어치가 모두 먹지는 못해. 박아 두고 잊어버리기도 하거든. 그러면 어치가 잊어버린 도토리들은 어떻게 될까? 싹을 틔우고 참나무로 자라게 되지. 어치가 참나무를 키우는 정원사 역할을 하는 셈이야.

흙 속에 뻗어 있는 뿌리에는 또 얼마나 많은 생명체가 살고 있을까? 눈에 보이지 않는 미생물을 포함한다면 나무 한 그루의 의미란 참으로 크다는 생각을 했어. 숲은 다양한 생명이 오묘한 조화를 이루며 사는 곳이야. 우리가 이 사실을 깊이 이해한다면 더 이상 숲을 쓸모없는 땅이나 개발해야 할 대상으로만 보지는 않을 거야.

숲은 우리에게 너무도 소중한 존재야. 우리가 숨 쉴 수 있도록 산소를 만들고 기후 변화의 주범인 이산화탄소를 빨아들이는 게 바로 숲이야. 식물의 광합성 작용이 사라진다면 인간은 한순간도 살아갈 수가 없어. 다시 말해 우린 식물에 빚지고 있는 거야. 그럼에도 우리는 숲에 감사하지 않아.

숲은 우리가 사는 도시를 지켜 주기도 해. 숲은 홍수 조절도 해 주잖아. 폭우가 쏟아지면 도시는 속수무책이야. 아스팔트나 시멘트로 덮여 있어서 빗물이 땅속으로 스며들지 못해. 내린 비는 하수관을 타고 강이나 바다로 흘러들게 되지. 그런데 하수관이 제 기능을 못 하거나 강우량이 너무 많으면 도시는 물에 잠겨 버려. 만일 도심에 숲이 있다면 사정은 달라지. 그 물을 흡수해서 땅속에 저장해 두고 서서히 계곡으로 흘려보내는 거야. 숲을 녹색 댐이라고 하는 까닭이 바로 그 때문이야.

여기서 한 가지 알아야 할 게, 흙이 물을 잘 흡수하려면 또 다른 생명의 도움이 필요하다는 거야. 농부가 봄에 씨앗을 뿌리기 전 밭을 갈듯이 땅속을 갈아 주는 그런 존재, 바로 지렁이, 땅강아지, 두더지 같은 땅속 생물들이지. 땅도 오랜 시간 그대로 있으면 딱딱하게 굳어져서 물을 잘 흡수할 수 없게 되거든.

숲은 동식물 그리고 광물까지 한데 어우러진 다양한 생명이 사는

숲은 물을 흡수해서 땅속에 저장해 두고

서서히 계곡으로 흘려보내는 거야.

숲을 녹색 댐이라고 하는 까닭이 바로 그 때문이야.

공간이야. 숲의 장점을 이야기하다 보면 끝이 없을 것 같아. 그런데 안타깝게도 인간 때문에 숲이 파괴되고 있어. 도로를 뚫고 건물을 짓고, 숲을 밀어내서 스키장을 짓거나 리조트를 짓고 놀이 시설을 짓는 것도 모자라 이젠 케이블카까지 설치한다는구나. 이런 건 이제 멈춰야 하지 않을까? 숲을 인간의 소유물로 취급할 게 아니라 우리와 함께 사는 생물의 집이고 보존해야 할 생명의 터전이라고 여겨야 하지 않을까?

2018년에 평창에서 동계 올림픽(2018. 2.9~2.25)이 열린다는 건 너희도 잘 알고 있을 거야. 그런데 2014년에 평창에서 제12차 생물 다양성 협약 당사국 총회(CBD)가 열렸던 건 알고 있니? 아마 거의 몰랐을 거야. 다들 올림픽 때문에 정신이 없으니까. 동계 올림픽 활강 경기장을 짓는다고 500년이 넘은 가리왕산의 나무들을 베는 전기톱 소리가 온 산을 진동하는 가운데 생물 다양성 협약이 열렸단다.

생물 다양성 협약이란 서식지 파괴 등으로 생물종이 줄어드는 일을 막고자 유엔 차원에서 맺은 국제 협약이야. 여기에 참여한 나라들의 대표가 모여 총회를 개최한 거지. 그런 상황에서 다른 한쪽에서는 환경 단체와 시민의 반대에도 아랑곳하지 않고 소중한 숲을 망가뜨리는 일이 벌어진 거야.

고작 17일 동안 열리는 동계 올림픽을 위한 희생치고는 너무 크지 않니? 사람들은 올림픽을 개최하면 엄청난 이익을 볼 줄 알지만 사실은 그렇지가 않아. 이제 많은 나라들은 올림픽 유치를 꺼리고 있단다. 동계 올림픽 개최를 두고 평창과 경쟁했던 독일의 뮌헨 시민들은 개최 도시로 평창이 선정되자 환호성을 질렀다고 해. 주민 투표로 다음에는 아예 유치 신청을 하지 않기로 했지. 우리나라 신문에는 이런 사실들이 잘 보도되지 않았어.

지난 1928년과 1948년 두 번씩이나 동계 올림픽을 개최했던 오스트리아 생모리츠도 주민 투표를 통해 올림픽 유치를 거부했어. 노르웨이 오슬로도 주민의 반대로 유치 신청을 철회했단다. 왜일까? 우리가 생각하듯이 올림픽이 엄청난 이익을 준다면 그들은 왜 반대를 하는 걸까? 첫 번째가 바로 재정 악화야. 올림픽 때문에 빚만 쌓일 거라는 거지. 두 번째가 지역의 환경 파괴야. 평창의 가리왕산 사태를 보면 알 수 있듯이 올림픽을 개최하면 자연이 훼손될 것이 뻔하다는 거지. 네 번의 시도 끝에 동계 올림픽을 유치했다며 감격했던 우리로선 민망한 일이란다. 어쩌면 그동안 경제 성장만 보며 달려온 어른들의 책임이 큰지도 모르겠구나. 배고픔을 이겨내기 위해 잘살 수 있다면 뭐든 한다는 심정으로 지금까지 왔으니 말이야. 하지만 이제는 달라졌거든. 환경과 생태가 돈보다 소중하다는 걸 세계가 깨닫고 있어. 우리보다 잘사는 나라에서 왜 올림픽 유치를 반대했는지 그 의미를 잘 새겨 봐야 할 것 같아.

동물 복지

동물을 대상으로 하는 실험 중에 '드레이즈 테스트'(Draize test)라는 게 있단다. 인간의 눈에 대한 화학 물질의 유해성을 알아보는 실험이야. 토끼를 대상으로 이루어지는 이 실험은 끔찍한 동물 실험의 대표적인 사례로 꼽히고 있단다.

인간의 눈은 외부 물질이 들어오면 눈물이 나와서 밖으로 밀어내.

평소에도 쉼 없이 깜빡이며 눈이 건조해지지 않도록 하지. 그런데 토끼는 이물질을 씻어 낼 눈물이 분비되지 않아. 그래서 샴푸나 화장품이 눈의 점막을 자극하는 정도를 알아보기 위해 토끼를 이용한단다. 그런데 그 과정이 너무도 끔찍해. 우선 토끼가 움직일 수 없도록 장치를 이용해 목을 고정시켜. 그런 다음 시차를 두고 눈에다 화학 물질을 넣지. 눈물이 나오지 않으니 고스란히 화학 물질을 받아들일 수밖에 없는 토끼는 눈이 멀거나 고통에 몸부림치다가 목뼈가 부러져 죽는단다. 설령 살아남는다 해도 실험이 끝나면 안락사하게 돼. 실험의 대상이 되는 동물은 토끼뿐만이 아니야.

침팬지 연구로 유명한 제인 구달은 어느 날 미국의 한 대학 연구소에서 동물 실험용 침팬지를 만났어. 멀뚱멀뚱 허공만 응시하고 있는 침팬지가 너무도 가여웠던 제인이 눈물을 흘리며 철창 안에 손을 넣어 녀석을 쓰다듬어 주었지. 그런데 침팬지가 가만히 다가와 제인의 눈물을 닦아 주더라는 거야. 이 이야기는 많은 이들에게 감동을 안겨 주었어. 그리고 생각하게 했지. 그 침팬지는 왜 어두컴컴한 연구소 지하에 갇혀 있는 걸까? 그 침팬지는 그동안 무슨 일을 겪었을까? 사실 그 어린 침팬지는 연구소로 오기 전 일가족이 사살되는 장면을 지켜봐야 했단다. 감당하기 어려운 충격과 공포 속에서 지하에 갇히게 된 어린 침팬지에 대한 제인의 눈물은 어쩌면 우리 인간을 대표해서 흘려야 했던 눈물이었을지도 몰라.

동물 보호 운동가들은 계속해서 동물 실험의 비윤리성을 주장하고 있어. 인간을 위해 동물들에게 육체적, 정신적 고통을 안겨 준다는 거지. 이들의 주장에 따르면 화장품, 세척제, 식품 첨가제 등 공산품 생산 과정에서 관행적으로 동물 실험이 행해진다는 거야. 보통 우리는 인간의 생명을 위해 어쩔 수 없이 동물 실험을 한다고 알고 있잖아. 예컨대 우주로 개나 원숭이를 보내는 것처럼 말이야. 하지만 사실은 그렇지가 않단다. 상업적인 동물 실험이 전체의 3분의 2나 된다는 통계가 있어. 즉, 돈을 벌기 위해 동물을 희생시킨다는 뜻이지. 우리를 아름답게 꾸미는 화장품 뒤에 토끼의 죽음이 있을 거라고 누가 상상이나 하겠니. 다행히도 우리나라의 동물 보호 시민 단체인 카라(KARA)에서 해마다 동물실험을 하지 않는 화장품 회사 리스트를 공개한다고 하니 참고가 되었으면 해.

동물 실험을 반대하는 국제단체인 크루얼티 프리 인터내셔널의 니컬러스 팔머 박사에 따르면 동물 실험을 통해 얻은 결과는 사람과의 일치율이 20~40퍼센트에 그친다고 해. 그 정도로는 인간에게 안전한지 유해한지 판단하기가 어렵다는 거지. 동물과 인간이 공유하는 질병이 1퍼센트에 불과한 상황에서 동물 실험은 단지 인간이 안심하기 위해 관행적으로 이루어진다는 얘기야. 즉, 동물 실험 자체가 인간에게 크게 의미가 없다는 거지.

그럼에도 해마다 대학, 제약 회사, 상업적인 실험 시설 등에서 실험 때문에 죽어 가고 있는 동물의 수가 엄청나단다. 미국만 해도 매년 7억 마리 이상의 동물이 희생되고 있어. 일본은 1200만 마리, 프랑스는 360만 마리를 동물 실험용으로 쓴단다. 우리나라의 경우, 농림수산 검역검사본부가 조사한 바에 따르면 2011년 한 해 동안 실험 동물로 166만 마리가 사용되었대.

한때 '인간 동물원'이라는 게 있었다는구나. 이상하지? 동물원이면 동물이 있어야 하는데 웬 인간? 그런데 과거 유럽에서는 이런 동물원이 실제로 있었을 뿐만 아니라 큰 인기를 끌었단다. 19세기 말에서 20세기 초 유럽인들은 칠레, 인도, 스리랑카, 에티오피아 등 전 세계에서 잡아온 수백 명의 선주민들을 보러 인간 동물원에 갔어. 자기와 다른 피부색, 다른 언어, 다른 옷을 입고 있는 사람들을 마치 동물 보듯이 구경했던 거야. 생소하고 기이한 것에 호기심과 흥미를 갖는 인간의 속성 때문이었을까?

이 인간 동물원을 처음으로 생각해 낸 사람은 독일인 칼 하겐벡이었어. 이 사람은 원래 동물 무역 거래상으로 아프리카 등지에서 동물을 잡아다 파는 일을 했대. 그런데 그 방식이 아주 잔인했다는구나. 가령 코끼리 가족을 포획한 다음 어미를 죽이고 새끼만 유럽으로 가져오는 식인 거야. 그러다 나중에는 지역 선주민들까지 납치해 와서는 우리 속에 가두고 그들이 사는 모습을 사람들이 들여다볼 수 있게 했어. 디디에 데냉크스의 소설 『파리의 식인종』(1998년)은 바로 이런 인간 동물원을 배경으로 해. 읽어 보면 그 안에서 살아가야 했던 선주민의 심정을 이해할 수 있을 거야. 물론 지금은 더 이상 이런 일이 없어. 하지만 이때 생긴 동물원은 오늘날까지 남아 있지. 주말이면 가족끼리 손잡고 온갖 신기한 동물들을 구경하는 게 일상이잖아.

나는 이제 우리가 동물원에 갇힌 동물에 대해서도 한번 생각해 보자고 말하고 싶어. 우리나라와 기후가 다른 지역에서 온 동물을 한번 생각해 보렴. 추운 데서 살다 온 동물은 우리나라의 여름이 얼마나 괴롭겠니. 반대로 더운 지역의 동물들도 마찬가지겠지. 물론 온도를 조절해 주고 계절마다 지내는 곳을 달리한다해도 한계가 있지 않을까? 게다가 낯선 사람들의 구경거리가 되어서 사는 건 원래 그들의 생활 방식이 아니잖아. 동물원 속 동물을 구경거리가 아닌 살아 있는 생명으로 보면 달라질 거야. 역지사지의 마음으로 보면 불쌍한 생각이 들지 않니?

최근에는 동물권에 대한 이해가 높아지면서 동물원에 대한 문제 제기가 확산되고 있어. 얼마 전 캐나다 캘거리 동물원은 스리랑카에서 온 코끼리를 따뜻한 지역으로 보내기로 결정했대. 캘거리는 눈이 많이 내리고 추운 지역이거든. 그래서 지내기에 적합한 워싱턴DC의 국립 동물원에 새로운 보금자리를 마련했대. 여전히 동물원 신세지만 그래도 인간이 동물을 배려했다는 점에서 조금은 의미가 있지 않을까.

2015년 8월 코스타리카는 10년 내로 전국에 있는 동물원을 전면 폐쇄한다고 밝혔단다. 동물 보호의 중요성을 세계에 알리기 위해 이런 결정을 내렸다고 해. 군대 없이 유일하게 비무장 영세 중립을 지키고 있는 나라 코스타리카에 이제 동물원도 없어질 거라니, 참으로 평화를 아는 나라라는 생각이 드는구나.

추운 겨울이면 너나없이 꺼내 입는 다운 파카가 따뜻한 건 그 안에 든 오리털 때문이라는 걸 다들 알고 있지? 요즘은 거위털을 넣은 제품도 인기라고 하던데, 이런 제품들이 어떻게 해서 만들어지는지 한번 살펴보려고 해.

어릴 적 할머니 댁에서 닭을 잡는 모습을 본 적이 있어. 닭 목을 비

동물원 속 동물을 구경거리가 아닌
살아 있는 생명으로 보면 달라질 거야.
역지사지의 마음으로 보면 불쌍한 생각이 들지 않니?

튼 다음 끓는 물에 닭을 넣었다 빼고는 털을 훌훌 뽑는 모습에 충격을 받았어. 그 충격으로 닭고기를 못 먹었을 정도였으니까. 그런데 우리가 입는 파카의 재료로 들어가는 털도 그렇게 해서 만들어져. 실을 짜듯이 공장에서 뽑아내는 게 아니라는 거야.

오리나 거위가 생후 10주 되었을 때부터 털 뽑기가 시작되는데 6주 간격으로 평생 5~15회 뽑는대. 한번은 방송에서 털 뽑는 장면을 보았는데 거위와 오리들의 비명으로 가득했어. 산 채로 털을 뽑기 때문이야. 생각해 보렴, 우리가 창틀 같은 데 머리카락 한 올만 끼어서 빠져도 아픈데 그 동물들은 오죽할까. 그런데 그런 일을 죽을 때까지 반복적으로 겪어야 한다는 거야. 깃털이 떨어져 나간 자리에 다시 새로운 깃털이 돋으면 또 뽑아내고……. 이로 인한 스트레스 때문에 죽는 일도 발생한다는구나.

토끼털도 마찬가지 방법으로 뽑는대. 너구리는 아예 산채로 가죽이 벗겨진다는구나. 차라리 죽이면 고통이 한 번으로 끝날 텐데 왜 사람들은 산채로 털을 뽑고 가죽을 벗기는 걸까? 그건 다름 아닌 '경제성' 때문이야. 너구리의 경우, 죽은 후에는 가죽이 경직되어 벗기기가 어렵고 털의 윤기가 사라져 상품 가치가 떨어진대. 오리나 거위는 털을 여러 번 얻을 수 있으니까 계속 살려 두는 게 이득이고. 경제성이나 생산성 앞에 동물의 고통과 생명의 소중함은 아무것도 아닌 거야.

오랜 옛날부터 인류는 동물의 털가죽을 이용해 왔어. 하지만 지금과는 비교할 수가 없지. 그때는 생존을 위한 일이었으니까. 과거에는 동물의 고기를 먹고 남은 것으로 옷을 지어 입는 방식이었다면, 오늘날은 생존이 아닌 '소비를 위한 소비'라고 할 수 있어. 파카만 해도 유행이 지났다고 해서 사고, 싸다고 사고, 디자인이 더 좋다고 해서 새로 사고, 이런 식이잖아. 습관적으로 고기를 찾는 육식 중독과도 같아. 동물을 착취하면서 얻어지는 고기, 가죽, 털 같은 것들은 비윤리적일 뿐만 아니라 지구 생태계를 위해서도 올바르지 않아.

육식이 아닌 채식을 택하는 사람들처럼 이제는 입는 것도 달리 생각해 봐야 하지 않을까. 실제로 이를 실천하는 사람들이 있어. '비건' (vegan)이라고, 육식만 피하는 채식주의자가 아니라 유제품, 꿀, 계란 같은 동물성 먹을거리는 물론 오리털, 양털, 동물 가죽, 동물 실험을 통해 생산되는 제품을 일절 이용하지 않는 사람들을 말해.

이렇게 말하면 분명히 반감을 느끼는 사람들도 있을 거야. 개인의 취향이자 선택이니 강요할 수 없는 것 아니냐고 항변하는 목소리도 분명 있을 거야. 내 생각에도 모두가 비건이 될 수는 없다고 봐. 그거야말로 개인의 선택이지. 고기를 먹지 말자는 게 아니야. 육식을 줄이면서 환경도 살리고 건강도 살리는 현명한 선택을 하자는 거지. 우리가 동물의 털과 가죽을 과도하게 이용하면서 동물들이 비참하게 희생당하고 있다면, 당연히 소비를 줄이는 게 옳지 않을까. 우리 인간이 조금만 욕심을 줄이면 돼. 우리가 습관을 바꾸면 많은 것들이 달라질 수 있어.

고기를 덜 먹고 지금 입는 옷을 오랫동안 입고 새로 살 때는 가급적 비건 스타일로 해 보는 거지. 나의 작은 실천이 작은 생명 하나를 구할 수 있다면 그 자체로 의미 있는 일 아니겠니?

요즘 자주 쓰이는 말 중에 '웃프다'는 말이 있지. 웃기기도 하고 슬

프기도 하다는 뜻으로 쓰는데 절묘한 표현이라고 생각해. 실제로 살다 보면 그런 일이 많으니까. 개인적으로 그런 일 중 하나가 길에서 털을 밀어내고 후드 달린 옷을 입은 애완견들을 볼 때야. 어떤 강아지들은 알록달록 염색까지 하고 신발도 신고 있어. 마치 사람처럼 말이야. 귀엽다고 좋아할 수도 있겠지만, 나는 어쩐지 그런 장면을 보면 '웃프'단다. 왜냐하면 사람이 즐겁자고 살아 움직이는 생명을 인형 취급하기 때문이야. 주인 입장에서 보면 애정 표현일 수도 있지만, 그 강아지 입장에서도 자연스럽고 즐거운 일일지는 한 번쯤 생각해 보아야 하지 않을까. 이제 반려 동물들은 우리 일상과 떼려야 뗄 수 없는 존재가 되고 있어. 그런 동물을 하나의 인격체로 보려는 시각도 늘고 있고. 예전에는 '애완' 동물이었던 것이 지금은 '반려' 동물이라 불리고 있잖아. 동물이지만 우리 인간의 짝이 되는 동무라는 뜻이야. 함께 삶을 살아간다는 거지. 그런 점에서 인간의 취향에 따라 강아지 원래의 모습을 바꾸는 일은 '반려'보다 '애완'에 가깝지 않을까.

동물에게도 권리가 있다는 생각은 오래전부터 있었어. 철학적으로는 벤담을 중심으로 한 공리주의자들이 동물에게 고통을 가해서는 안 된다는 주장을 폈지. 이런 윤리적 개념들이 현실에서 힘을 얻게 된 것은 오스트레일리아의 윤리철학자 피터 싱어의 『동물 해방』(1976년)이 출간된 이후야. 그는 이 책에서 '이익 평등 고려의 원칙'을 동물에게도 적용해야 한다고 주장했어. 우리가 어떤 결정을 내릴 때 나의 이익만을 고려할 것이 아니라 그로 인해 영향을 받는 모든 존재들의 이익도 동등하게 고려해야 한다는 거야. 이전에 공리주의자들이 "최대 다수의 최대 행복"으로 인간의 평등을 외쳤다면 싱어는 여기에 동물을 포함시킨 거야. 당시로선 매우 파격적인 생각이었지.

사실 인간에게 이익이 된다면 동물의 고통쯤 상관없다는 식의 생각은 '인종주의'에 그 뿌리를 두고 있어. 과거 노예무역 시대에 흑인들을 동물처럼 취급했던 것도 그런 이유야. 인종주의의 근간은 바로 우월주의와 차이에 대한 폭력이란다. 그저 다를 뿐인데 이걸 차별의 이유로 삼는 거야. 흑인, 여성 등은 백인 남성에 비해 열등하다는 생각, 독일 민족은 유대인보다 우월하다는 생각 등이 여기에 해당한단다. 알다시피 인종주의의 결과는 식민 지배와 전쟁, 끝없는 갈등을 낳았어. 그 피해를 고스란히 겪은 인류는 나중에서야 인종주의를 없애고자 노력했지. 덕분에 지금은 전 세계에서 노예 제도가 사라지고 여성의 투표권도 보장되었어. 흑인들의 노예 노동으로 부를 일군 미국에서 흑인이 대통령으로 선출되기도 했고. 그렇다고 이 세상에 차별이 완전히 사라졌다는 얘긴 물론 아니야.

인간이 동물을 착취해도 된다는 인간 우월주의도 마찬가지야. 언젠가는 그 피해를 고스란히 겪어야 할지도 몰라. 그전에 우리가 인간 중심의 사고에서 벗어나 고통스럽게 죽어가는 동물들의 현실을 살펴야 하지 않을까?

쓰레기

쓰레기는 버리는 순간 우리 눈앞에서 사라지지. 그래서 마치 영원히 없어지는 것 같은 착각에 빠질 때가 많아. 하지만 그렇지 않단다. 지금부터 버려진 쓰레기가 어떤 과정을 거쳐 어떤 모습으로 변하는지 알아볼 거야. 쓰레기 종류에는 우리가 편리하게 쓰고 버린 일회용품을 비롯해서 플라스틱, 전자 제품, 거기에 더해 에너지를 만드는 과정에서 배출한 이산화탄소, 각종 화학 물질 등도 포함되지.

일회용품

일회용품은 말 그대로 한 번 쓰고 버리는 물건이야. 말하자면 언제든 쓰레기가 될 준비가 되어 있는 거지. 종류도 다양해서 종이컵, 나무젓가락, 비닐봉지, 휴지, 물수건 등 일상에서 쉽게 찾을 수 있어. 음식점, 카페나 패스트푸드점 같은 데서 일회용품을 사용해 보지 않은 사람은 아마도 없을 거야. 너무 친숙해서 그게 일회용인지조차 인식하지 못하는 경우가 종종 있으니까.

우리나라에서 하루 동안 쓰이는 일회용품의 양은 얼마나 될까? 자그마치 1035톤, 한해에 38만 톤이나 돼. 일회용품 쓰레기 처리 비용만 연간 약 1000억 원에 이른다니 이 정도면 거의 중독이라고 해야 하지 않을까? 환경에 좋을 리 없고 자원도 낭비되는데 우리는 왜 일회용 물건을 이처럼 많이 사용하는 걸까? 일회용품은 꼭 써야만 하는 걸까?

가령 주사기나 주삿바늘처럼 재사용하면 감염의 우려가 있는 것들은 한 번 쓰고 버려야 하는 게 맞아. 하지만 우리가 사용하는 일회용품 대부분은 그저 편리를 위한 것들이란다. 다시 말해 우리가 조금만 불편을 감수하면 그 양을 얼마든 줄일 수 있다는 거야. 하지만 몸에 밴 습관을 바꾸기는 쉽지가 않아. 그만큼 노력이 필요한 일이지.

물건을 사면 꼭 따라오는 건 뭘까? 바로 비닐봉지야. 오늘날 흔히 사용되는 쇼핑용 비닐봉지는 1960년대 초에 개발돼 1980년대 중반부터 본격적으로 사용됐다고 해. 그전에는 종이봉투나 보자기, 장바구니 등을 이용했지. 그러다 값싸고 편리한 비닐봉지가 생겨난 거야. 가볍고 튼튼한 데다 젖지도 않으니 물건을 담기에 그만한 게 없었어. 문제는 비닐봉지를 생산하는 데 엄청난 양의 석유가 소비된다는 거야. 예컨대 비닐봉지 아홉 장에는 승용차 한 대가 1킬로미터를 달릴 수 있는 석유가 들어 있다고 해. 그보다 더 큰 문제는 이 비닐이 분해되는 데 수십에서 수백 년이 걸린다는 사실이야. 전 세계적으로 대략 1분에 200만 개 정도 사용된다고 하는 비닐봉지, 연간 1조 개가 넘는 어마어마한 양이니 지구가 이걸 분해하는 데 얼마나 오랜 시간이 걸리겠니? 게다가 분해되더라도 미세한 화학 물질 상태로 남아 토양이나 수자원을 오염시킨다고 하니 문제가 이만저만이 아니지. 우리나라는 비닐봉지 사용량이 국민 1인당 연간 300장이 넘는 걸로 추정하고 있어. 핀란드나 덴마크의 경우 1인당 비닐봉지 사용량이 연간 100장이 채 되지 않고 이 가운데 일회용 비닐봉지의 사용량은 굉장히 적대. 룩셈부르크나 아일랜드도 비닐봉지 사용량이 굉장히 적은데, 특히 아일랜드의 경우에는 비닐봉지에 대해서 아주 높은 환경세를 부과하고 있단다.

스웨덴에서는 비닐봉지 값의 50퍼센트를 세금으로 내야 해. 호주도 일회용 비닐봉지를 유료로 제공하자 장바구니나 가방을 이용하는 소비자 비율이 73퍼센트나 증가했다고 해. 세금으로 일회용품 사용을 줄인 사례들이야.

프랑스도 상황은 비슷해. 2005년에 생분해되지 않는 일회용 비닐봉지 판매를 금지하는 법안을 통과시키기도 했지만 유럽연합법과 다소 문제가 있어 유보되었다는구나. 2005년 WWF(세계자연기금)에 따르면 프랑스인들의 83퍼센트가 슈퍼에서 일회용 비닐봉지 사용을 금지하는 데 찬성했다고 해. 2015년 유럽연합에서 일회용 비닐봉지 사용에 대해 금지하는 법안을 통과했기 때문에 2016년부터는 프랑스뿐만 아니라 유럽연합에 속한 나라들이 점차 유통매장에서 일회용 비닐봉지 사용을 금지하게 되었단다. 다만, 재생 봉지와 생분해 봉지는 계속 사용할 수 있지. 이탈리아는 그동안 1인당 연간 330개 이상의 비닐봉지를 사용해 왔지만, 2011년 이후 사용을 금지하고 이를 재활용 봉지로 대체해 연간 18만 톤가량의 이산화탄소 배출량을 줄이는 효과를 보고 있대.

멕시코시티는 2010년부터 비닐봉지 사용을 금지했어. 한때 비닐봉지 쓰레기 문제로 몸살을 앓던 남아프리카공화국은 2003년 5월부터 얇은 비닐봉지의 사용을 금지했어. 두꺼운 비닐봉지를 사용할 때는 요금을 징수해서 환경 프로젝트 자금으로 일부를 사용한다는구나.

아시아에서는 방글라데시가 2002년 비닐봉지 사용을 전면 금지했는데 계기는 홍수였대. 1989년과 1998년에 큰 홍수가 났는데 이때 버려진 비닐봉지가 배수 시설을 막는 바람에 피해가 더 커졌다는 거야. 중국은 그동안 환경 오염 문제로 골머리를 앓다가 2008년 베이징 올림픽을 친환경 올림픽으로 개최하겠다며, 그해 6월부터 모든 대형 매장과 재래시장은 물론 동네 구멍가게의 공짜 비닐봉지 사용도 금지했단다.

우리나라는 대형 마트에서 비닐봉지를 유료화했지만 야채나 생선을 담을 때 사용하는 일회용 비닐봉지는 여전히 무료야. 노력은 하고 있지만 위에서 살펴본 사례에 비하면 많이 부족해.

비닐봉지의 사용량을 줄이려는 세계 각국의 노력은 그만큼 환경에 피해를 준다는 증거 아니겠니? 우리나라도 좀 더 노력해서 이러한 세계적 흐름에 동참할 수 있었으면 좋겠어. 그러려면 시민들의 적극적인 참여와 지지가 필요할 거야.

비닐 쇼핑백 안 쓰는 날

2010년 7월 3일은 아주 특별한 날이었단다. 바로 일회용 비닐 쇼핑백 안 쓰는 날이었거든. 스페인, 인도, 필리핀 등 전 세계 80여 개 나라에서 참여해서 성과를 이루었지. 2008년 스페인에서 시작된 이 캠페인은 2010년부터 국제적인 행사로 이어지고 있단다.

~~~~~~~~~~~~~~~~~~~~

영국 남서쪽 데번의 아름다운 바닷가에 모드베리(Modbury)라는 마을이 있단다. 여기서는 비닐봉지 대신 환경에 해롭지 않은 다양한 종류의 봉투를 사용한다고 해. 식품점에서 말린 올리브를 사거나 정육점에서 스테이크를 살 때 옥수수 전분으로 만든 종이에 담아 주지. 갤러리, 철물점, 선물 가게에서는 면 가방을, 테이크아웃 음식점에서는 종이 가방을 사용하고, 꽃 가게는 생분해 아세테이트로 포장하고 야자 줄로 꽃다발을 묶어 줘. 모드베리 사람들은 집집마다 유기농 공정 무역 제품인 면 장바구니를 갖고 있단다. 상점들은 더 이상 쓰지 않는 비닐봉지를 플라스틱 의자나 내구성 있는 물건으로 재활용하는 도매업자에게 팔았어. 2007년 5월 1일, 유럽 최초 '비닐봉지 없는 마을'은 그렇게 해서 태어났단다.

작은 마을의 이런 훌륭한 성과는 한 카메라 기자에서 비롯했어. 모드베리 출신의 영국 국영 방송 카메라 기자인 레베카 호스킹이 그 주인공이란다. 그녀는 하와이 바다 생물을 취재하다가 큰 충격을 받았어. 비닐봉지를 먹고 서서히 죽어가는 바다거북, 비닐봉지를 먹이인 줄 알고 새끼에게 주는 앨버트로스, 이런 장면들을 보게 된 거야. 우리가 쉽게 쓰고 버리는 플라스틱 제품들이 어떤 재앙을 불러왔는지 직접 보게 된 거지. 고향에 돌아온 그녀는 깊은 고민에 잠겼어. 하와이처럼 모드베리도 플라스틱 쓰레기로 오염되어 있었던 거야.

깊은 고민 끝에 그녀는 비닐봉지로부터 자유로운 마을을 상상하기 시작했어. 그리고 실험을 시작했지. 이러한 노력 끝에 영국 120여 지역에서 '비닐봉지 없는 마을'이라는 변화를 이끌어 냈단다.

가전제품

나는 한때 오렌지색 노트북을 썼단다. 검정이나 회색의 밋밋한 색상이 대다수이던 시절에 그 노트북은 첫눈에 나를 사로잡았지. 그런데 노트북을 산 지 3년쯤 되었을까, 갑자기 프로그램이 다운되고 오류가 나기 시작하는 거야. 글 쓰는 일을 하다 보니 여간 답답한 게 아니었단다. 하루는 시간을 내서 서비스센터에 가져갔어. 그런데 어처구니없는 얘길 들었단다. 노트북을 이리저리 둘러보던 직원이 "이제 바꿀 때가 된 거죠." 하는 거야. 나는 귀를 의심했지. "아직 3년도 채 못 썼는데요?"라고 말하자 그는 "그 정도면 충분히 쓰신 거예요. 보통 2년쯤 지나면 새 제품으로 바꾸세요." 하더구나. 나는 직원에게 그냥 고장 난 부품만 교체해 달라고 했지. 다른 데는 이상이 없었으니까.

서비스센터 직원은 해당 부품이 있는지 알아볼 테니 기다리라고 했어. 겨우 3년도 안 됐는데 부품이 있는지 알아봐야 한다니 이해가 잘 되질 않았어, 제품 수명을 대체 몇 년으로 두는 건가, 하고 말이야. 다행히 창고에 다녀온 직원이 부품은 있다고 하더구나. 문제는 비용이었어. 부품 하나 교체하는 데 10만 원을 달라는 거야. 나는 망설일 수밖에 없었지. 다른 데서 또 고장이 나지 않으리라는 보장이 없다는 직원의 말 때문에 결국 수리해서 쓰는 걸 포기했단다.

서비스센터를 나서는데 화가 나더구나. 기술력은 나날이 높아지고 하루가 멀다고 새 제품을 출시하는 요즘, 고작 3년도 안 된 노트북이 버려질 수밖에 없는 게 현실이었으니까. 노트북이 한두 푼 하는 물건도 아니잖아. 처음 살 때만 해도 기백만 원이 넘는 돈을 들였는데 고작 3년 남짓 쓰고 버려야 한다니, 왠지 사기당한 기분이었거든.

내 부모님 댁엔 1970년대에 구입한 선풍기가 아직도 있어. 정작 그 제품을 만든 회사는 오래전에 망해서 없어졌는데 선풍기만은 40년이 넘은 지금도 잘 돌아가고 있단다. 그동안 동네 전파상에서 몇 차례 수리받은 게 전부인데도 말이야. 그동안 기술이 진보하기는커녕 퇴보했다는 말인가? 아무리 생각해도 상식 밖이었어. 쓰던 제품을 버리고 자꾸만 새 제품을 사게 하려는 상술 때문이 아닌가 하는 의심이 들었지.

그러고 보니 우리 집에 있는 가전제품 중 지금까지 잘 쓰고 있는 게 별로 없다는 생각이 들었어. 망가진 카세트테이프 플레이어만 해도 집에 서너 개나 돌아다니고 있거든. CD 플레이도 마찬가지고. 수리를 안 해 본 건 아니지만, 그때도 들어가는 비용이 만만치 않아서 차라리 새것을 사는 게 더 나았지. 그러고 보니 프린터도 고장 났는데 아까워서 버리질 못하고 있네. 그런데 상황이 이런 게 나뿐일까? 혹은 이 글을 읽는 너희 집에도 얼마 못 쓰고 버려진 전자 제품들이 많지 않니? 그렇다면 이건 소비자의 잘못일까? 나는 그렇지 않다고 생각했어. 이것이 '계획된 진부화' 때문이라는 결론을 내렸지. 애초에 만들면서 어느 정도 시간이 지나면 고장 나도록 했다는 거야. 왜? 그래야 사람들이 새 제품을 살 테니까.

실제로 기업에서는 제품의 생산 라인을 2, 3년 안에 중단시켜. 그러면 소비자들이 부품을 구하려 해도 구할 수가 없게 되는 거지. 소비자들이 고쳐 쓸 수 없게 만드는 거야. 그리곤 광고를 동원해서 새 제품을 사도록 부추기는 거지. 기업들의 신제품 출시 주기가 점점 짧아지는 것도 이와 관련이 있단다. 간단하게 말하면 기업이 이익을 내기 위해 소비자들로 하여금 상품을 잠깐 쓰고 버리도록 유도하고 있다는 거야. 기업에는 이익이 될지 몰라도 지구 전체로 보면 엄청난 쓰레기가 만들어질 뿐이야.

휴대전화 가게에 가면 이번 기회에 신제품으로 바꾸라는 권유를 자주 받아. 귀가 솔깃한 조건들을 제시하기도 하지. 게다가 제품도 무척 좋아 보여. TV를 틀면 하루에 얼마나 많은 휴대전화 광고가 나오니? 당연히 갖고 싶다는 생각을 하게 될 거야. 새 제품을 누구보다 먼저 쓰고 싶어하는 얼리어답터(early adopter)라면 이러한 유혹을 이겨 내긴 힘들 거라고 생각해.

휴대전화 시장은 이미 포화 상태야. 웬만한 사람들은 다들 하나씩 갖고 있다는 얘기지. 휴대전화를 만드는 기업 입장에서는 어떻게든 제품을 팔아야 하잖아. 그런데 이미 새로운 소비자를 찾을 수 없는 상황이 된 거지. 그렇다면 어떤 방법으로 시장을 움직여야 할까? 어떻게 하면 사람들이 새 제품을 사게끔 할까? 답은 지금 쓰고 있는 제품을 버리게 하는 거지. 지금 내가 가진 휴대전화를 '구닥다리'로 만들어 버리는 거야. 그리곤 새 제품을 선전하는 거지. '오, 괜찮은데!' '갖고 싶어!' 이런 식으로 욕망의 씨앗을 심는 거야. 이런 걸 '상징적 진부화'라고 한단다.

휴대전화라는 새로운 발명품은 이제 끊임없이 소비를 부추기는 마르지 않는 샘이 되어 버렸어. 끊임없이 새로운 모습으로 진화하면서 사람들의 눈과 마음을 빼앗고 있지. 처음엔 걸어 다니면서 통화를 한다는 사실 자체가 놀라움이었어. 너희는 별로 경험해 본 적이 없겠지만 전엔 집이나 사무실에서 전화를 받거나 공중전화를 이용해야 했거든. 사람들이 너도나도 휴대전화를 사기 시작했지. 그런데 어느 순간부터 휴대전화에 카메라 기능, MP3 플레이어 기능이 들어가기 시작했어. 그러면서 본래 기능인 통화는 점차 부수적인 게 되어 버렸어. 마침내 스마트폰의 등장은 기존의 휴대전화 개념을 바꾸어 놓게 되지. 그러는 사이 기능도 단순하고 모양도 촌스러운 피처폰이, 카메라가, MP3 플레이어가 버려지게 되지. 그 셋을 합친 기능에 작고 세련된 스마트폰이 있으니 더 이상 필요가 없어진 거야. 지금은 스마트폰끼리 경쟁을 해. 하루가 다르게 신제품이 쏟아져 나오고 있지. 어떤 건 좀 더 빠르고 어떤 건 좀 더 가벼워. 쓰던 걸 버리고 새로 사야 할 이유가 계속 생기는 거야. 물론 예전 제품을 고집하는 사람들이 없는 건 아니지만, 왠지 시대에 뒤떨어진 취급을 받는 게 요즘이잖아.

　프랑스의 경제학자이자 철학자며 탈 성장 이론가인 세르주 라투슈가 『낭비 사회를 넘어서』(2012년)라는 책에서 지적한 점이 바로 이거야. 그는 책에서 "소비 사회는 성장 사회의 종착점"이라며 "성장 사회는 성장 경제가 지배하는 사회이고 성장이 모든 것을 흡수해 버리는 사회"라고 했어. 인간의 풍요가 목적이 아니라 성장 그 자체가 목적이 되어 버렸다는 거야. 필요에 의해 소비하는 시대가 지나고 소비 그 자체가 목적이 된 사회가 되었다는 거지. 성장을 위해 소비를 촉진하고 소비를 위해 앞서 생산한 제품이 죽어야 하는 이상한 사회가 되어 버린 거야.

이런 현상에 대해 경제학자 베르나르 마리스는 "상품의 소비와 순환은 점점 빨라지고, 쓰레기는 점점 많이 쌓이고, 이 쓰레기를 처리하는 활동은 점점 중요해진다"고 했어. 제품들은 만들어질 때부터 수년 내에 고장이 나도록 계획되고 소비자는 이걸 버리고 새 제품을 사도록 끊임없이 유혹당한단다. 새 제품을 구입하면서 밀려나는 낡은(사실은 낡을 정도로 쓸 겨를도 없지만) 물건들이 어떻게 처리되는지는 사실 관심 밖이야. 우리의 관심은 오직 새로운 소비니까. 그 가운데 발생하는 엄청난 쓰레기가 계속해서 쌓여 가고 있는데도 말이야.

쓰레기는 결코 사라지지 않아. 자연이 고스란히 떠안게 되지. 소비로 이득을 보는 건 인간인데 그 피해는 왜 자연이 입어야 할까? 자연에서 생명을 얻고 다시 자연으로 돌아갈 우리 인간들로선 자기를 죽이는 모순이 아닐까? 언제까지 자연은 인간이 만든 쓰레기를 받아 줄 수 있을까? 이 모든 것의 기원인 소비 사회의 질주는 언제까지 이어질까?

지금 당장 답을 찾을 수는 없지만 분명한 것은 이걸 막지 않으면 인간의 미래가 어두울 수밖에 없다는 사실이야. 더 늦기 전에 현재를 진부한 과거로 매도해 버리고 끊임없이 소비를 강요하는 일상을 멈출 방법을 생각해 보아야 해. '계획된 진부화' 또는 '상징적 진부화'라는 탐욕스러운 함정에서 벗어나 진정한 자유를 찾을 방법을 말이야.

플라스틱

사람이 살지 않는 섬을 무인도라 부르지. 그렇다면 사람뿐만 아니라 생명체가 살 수 없는 섬은 뭐라고 해야 할까?

하와이 인근에는 커다란 쓰레기 섬이 있단다. 정확히 표현하면 떠다니는 쓰레기 덩어리라고 해야 할 듯해. 우리가 익히 아는 섬처럼 일정한 크기나 모양을 갖추고 있는 게 아니라 해류에 따라 모양이 달라지거든. 이걸 영어로는 'Great Pacific Garbage Patch'(GPGP) 즉 '태평양 거대 쓰레기 지대'쯤으로 번역할 수 있겠구나. 요트 경기에 참가했던 찰스 무어라는 사람이 우연히 발견했는데 그 크기가 한반도의 7배쯤이래. 하와이 인근에 쓰레기가 모인 까닭은 북태평양의 4대 해류인 북태평양 해류, 캘리포니아 해류, 북적도 해류, 쿠로시오 해류가 타원 궤도로 순환하는 곳이어서 그렇다고 해. 그런데 그 쓰레기 중 90퍼센트 이상이 플라스틱이라는 사실은 충격적이야. 플라스틱 쓰레기들은 생태계를 교란시키는 주범이란다.

광분해가 되어 잘게 쪼개진 플라스틱을 마이크로(미세) 플라스틱이라 부르는데 직경 1~5밀리미터 정도 크기야. 이 플라스틱은 박테리아 등 분해 물질에 의해 생태계 속으로 돌아가지 못하고 햇빛에 의해 계속 잘게 쪼개지기만 할 뿐이야. 즉 플라스틱은 생태계의 일원이 될 수 없어.

바다의 미세 플라스틱은 인간들이 만들어 쓰다가 버린 것이 하수 처리장에서 걸러지지 않은 채 흘러들어 가기도 하고, 바다를 떠돌던 플라스틱 쓰레기가 풍화 작용으로 부서져서 생기기도 해. 강과 호수, 바다에 유입된 미세 플라스틱은 조류와 물고기, 플랑크톤 등의 먹이가 된단다. 사실 먹이가 되는 게 아니라 먹이라 착각하고 먹는 것이라 표현하는 게 정확할 듯하구나. 당연히 먹이 사슬을 통해 우리 인간이 다시 먹게 되는 거고. 플라스틱 알갱이에 포함된 유해 물질도 함께 말이야.

얼마 전 아바즈(국제시민연대 네트워크, www.avaaz.org/kr)에서 보내온 메일을 열어 보고 나는 너무 놀랐단다. 바다에서 잔뼈가 굵은 아이반 맥퍼든이라는 한 노련한 선원이 최근 태평양 횡단을 마치고 돌아오며, 불길한 징조를 전해 왔거든. 거북이, 돌고래, 상어 그리고 새 떼들은 바다에서는 늘 보는 풍경이야. 그런데 이번 항해에서는 전혀 볼 수 없었다는 거야. 자그마치 3000해리(5556킬로미터)를 이동하는 동안 아무런 생명체도 만날 수 없었대. 활기가 넘쳤던 드넓은 바다가 이제는 무서울 정도로 조용해졌고, 쓰레기만 가득했다는 거지. 이런 불길한 징조를 전문가들은 '소리 없는 붕괴'라고 불러. 무분별한 어업, 기후 변화, 산성화 그리고 우리 인간이 쏟아낸 온갖 오염 물질로 바다는 황폐화되고 해양 생태계는 무너지고 있단다.

이걸 상징적으로 보여 주는 사진 한 장이 있는데, 사진작가 크리스 조던이 촬영한 앨버트로스의 뱃속 사진이야. 앨버트로스의 떼죽음을 목격하고 이유를 알아보려고 배를 갈랐더니 그 안이 플라스틱으로 꽉 차 있는 거야. 그 한 장의 사진은 우리에게 참혹한 현실을 알려 주었단다. 사례는 더 있어. 호주 동부 해안의 뉴사우스웨일스의 발라나 해변에서 죽은 바다거북이 발견되었어. 뱃속을 갈라 봤더니 그 안에서 플라스틱 조각이 무려 300개 이상 나왔어.

인간과 달리 동물들은 배가 부르면 더 이상 먹지 않아. 그 얘기는

강과 호수, 바다에 유입된 미세 플라스틱은
조류와 물고기, 플랑크톤 등의 먹이가 된단다.
사실 먹이가 되는 게 아니라 먹이라 착각하고 먹는 것이라
표현하는 게 정확할 듯하구나. 당연히 먹이 사슬을 통해
우리 인간이 다시 먹게 되는 거고.
플라스틱 알갱이에 포함된 유해 물질도 함께 말이야.

곧 먹어선 안 될 걸 먹고 배가 부르다고 착각한 거북이 다른 먹이를 먹지 않고 죽었을 거라는 거야. 같은 해안에서 산 채로 구조된 거북도 있었어. 그런데 다른 거북과 달리 등이 하얀 거야. 원인을 찾아보니 이번에도 플라스틱이었어. 몸속의 플라스틱이 소화를 방해해서 가스가 차고 그 부력 때문에 늘 바다 표면에 떠 있어야 했대. 강렬한 태양빛에 그만 등이 하얗게 바랬다는 거지.

2014년 6월 23일 케냐의 수도 나이로비에서는 유엔환경회의(UNEP)가 열렸어. 이날 보고서가 발표되었는데 그중 인간이 바다에 버린 플라스틱 쓰레기에 대한 내용이 있었어. 플라스틱 쓰레기의 해양 투기가 해양 생물, 관광, 어업 등에 미치는 피해가 연간 최소 130억 달러(약 13조 2000억 원)에 달한다고 해. 아킴 슈타이너 사무총장은 우리 생활에 플라스틱이 중요한 역할은 하고 있지만 환경에 주는 영향도 무시할 수 없다며 플라스틱 사용을 줄이고, 재사용하고, 재활용해야 한다고 말했어.

이건 결코 남의 나라만의 얘기가 아니야. 우리나라의 남해 연안 바닷속의 미세 플라스틱 오염도가 세계 최고 수준이라는 사실을 알고 있니? 한국해양과학기술원 유류유해 물질연구단이 조사한 내용을 보면, 거제도 해역 바닷물 1세제곱미터에는 평균 21만 개의 미세 플라스틱 입자가 들어 있었어. 같은 방법으로 조사한 싱가포르 해역 바닷물 속 미세 플라스틱 평균(2000개)보다 100배 넘게 많아. 이처럼 높은 오염도는 인근 양식장 등에서 대량 사용되는 스티로폼 부표 때문이야. 사용 후에 제대로 처리가 되지 않고 버려둔 탓에 고스란히 부서져 미세한 입자로 남게 된 거지.

이산화탄소 배출량(세계 7위)도 그렇고 우리나라는 환경 문제에 관해 불명예스런 기록들이 많아. 왜 그럴까? 당연히 관심을 두지 않기 때문이야. 우리가 성장과 발전만큼 환경 보존에도 신경을 쓴다면 이런 결과는 없었으리라고 생각해. 이 대목에서 김구 선생의 『백범 일지』 한 대목이 떠오르는구나.

"나는 우리나라가 세계에서 가장 아름다운 나라가 되기를 원한다. 가장 부강한 나라가 되기를 원하는 것은 아니다. 내가 남의 침략에 가슴이 아팠으니, 내 나라가 남을 침략하는 것을 원치 아니한다. 우리의 부는 우리 생활을 풍족히 할 만하고, 우리의 힘은 남의 침략을 막을 만하면 족하다. 오직 한없이 가지고 싶은 것은 높은 문화의 힘이다. 문화의 힘은 우리 자신을 행복하게 하고, 나아가서 남에게도 행복을 주기 때문이다."

'문화의 힘'이 서로를 행복하게 한다는 말이 깊이 와 닿아. 여기서 '남'을 '인간' 아닌 '생명'으로 보면 어떨까. 문화의 힘은 단순히 예술만을 뜻하는 건 아닐 거야. 깊이 사유하는 힘, 철학도 포함하지. 그렇다면 백범 선생의 말을 오늘날 되새긴다면, 우리가 먼 미래를 내다보면서 모든 생명과 함께 조화롭게 살아가야 한다는 의미가 아닐까.

1. 그린피스 홈페이지에 올라온 쓰레기 섬이 만들어지는 과정을 볼 수 있는 동영상: 'Pacific trash vortex animation showing drift of ocean pollution'(http://www.greenpeace.org/international/en/news/features/ocean_pollution_animation/)

2. 플라스틱으로 오염된 바다의 상황과 이로 인해 피해를 보는 해양 생물들, 그리고 마지막으로 피해를 보게 되는 게 누구인지를 잘 설명해 주는 유튜브 동영상: 'Plastic Soup-The Great Pacific Patch'(http://www.youtube.com/watch?v=eM2GAQEaedO#t=13)

음식물 쓰레기

요즘 다이어트는 하나의 산업이 되었어. 운동이나 단식, 혹은 다이어트를 위한 다양한 방법들을 찾는 사람들이 많지. 비만이 건강에 나쁘다는 사실은 다들 알고 있지? 하지만 요즘의 다이어트 열풍은 꼭 살이 쪄서 그런 건 아닌 거 같아. 예쁘고 날씬한 몸을 원하는 사람들이 많기 때문일 거야.

그런데 우리가 언제부터 이렇게 살이 찌는 걸 걱정하게 되었을까? 예전에는 먹을 것이 없어 고생했다는 걸 잘 알고 있는데 말이야. 식량 사정이 어려웠던 시절을 상징하는 '보릿고개'라는 말은 이제 아주 먼 옛날 얘기가 되어 버렸어. 하지만 모든 사람이 그런 것은 아니야. 믿기지 않지만 굶주림에 허덕이는 인류의 수는 계속 늘고 있어. 마트나 편의점엔 먹을 것들 투성이고, 식당에 가도, 뷔페에 가도, 동네 음식물 쓰레기 수거함을 봐도 넘쳐 나는 게 음식인데, 여전히 많은 사람들이 굶주리고 있어. 유엔 식량 농업 기구에 따르면 세계적으로 기아 인구가 1990년에

8억 2200만 명, 1999년 8억 2800만 명, 2005년 8억 5000만 명, 그리고 최근에는 8억 7000만 명으로 계속 늘고 있단다.

1970년대 칠레는 높은 유아 사망률과 어린이 영양실조가 심각한 사회 문제였어. 참고로 이 당시는 칠레가 우리나라보다 더 잘 살던 때였단다. 정치인이었던 아옌데는 15세 이하의 모든 어린이들에게 하루 0.5리터의 분유를 무상 제공한다는 공약을 내걸고, 대통령에 당선되었지. 그런데 이런 정책을 가장 불편하게 여긴 건 바로 스위스 다국적 기업인 네슬레였어. 이 기업의 주요 거래 품목이 커피와 우유였는데, 만약 칠레 정부가 분유를 무상으로 공급한다면 그 영향이 주변 중남미 국가에도 끼칠 게 뻔했던 거야. 무슨 말이냐고? 정부에서 그냥 주는데 그걸 누가 돈 주고 사 먹겠어. 결국 네슬레가 큰 손해를 볼 거라는 계산이 나온 거야. 기업 입장에서 상당한 부담이었던 거지. 네슬레가 아옌데 정부에 우유 판매를 거부한 것은 그런 이유에서였단다. 당시 칠레의 정책에 불만을 품고 있던 미국 정부와 네슬레 같은 다국적 기업은 아옌데 정부를 고립시켰어. 결국 미국 CIA와 결탁한 칠레 군인들이 대통령궁을 습격하여 아옌데 대통령은 죽음을 맞게 돼. 칠레 아이들은 또다시 굶주림에 시달려야 했단다. 부자 나라와 기업이 자기의 이익을 위해 다른 사람들을 불행에 빠뜨린 거야. 칠레의 사례는 부도덕한 정치와 탐욕스런 자본의 결탁이 빚어낸 참극이었단다. 지금은 사정이 많이 달라졌을까? 아옌데의 비극은 모습을 바꾸어 계속되고 있단다.

1983년 서아프리카 사하라 남단의 작은 나라 '부르키나파소'에 토머스 상카라라는 사람이 대통령에 당선되었어. 자국의 기아 문제를 해결할 방법을 고민하던 이 사람은 대통령이 되고 나서 인두세 폐지, 개간이 가능한 토지의 국유화 등 가난한 사람을 위한 개혁 정책을 폈단다. 결국 부르키나파소는 식량을 자급자족하는 쾌거를 이루게 되지. 당연히 상카라 대통령의 인기는 치솟게 된단다. 문제는 주변 국가들의 반응이었다. 상카라의 이러한 개혁으로 민심이 동요하고 자기들의 권력이 흔들릴 것을 두려워했던 거야. 결국 상카라 대통령은 쿠데타 세력에 의해 서른여덟 번째 생일을 앞두고 살해되고 말아. 이후 부르키나파소는 예전처럼 부패와 기아가 만연하고, 외국의 원조에 의존하고 살아가는 이전의 모습으로 돌아가게 됐단다.

신자유주의를 표방한 기득권 국가와 기업이 한데 얽혀 만들어 낸 탐욕, 아프리카 현지에서 정권을 잡으려는 세력들의 권력욕, 그리고 공적 쌓기에 급급한 나머지 대책 없이 이루어지는 국제 협력 단체들의 지원 사업, 이 세 가지가 아프리카를 기아의 늪에서 벗어나기 어렵게 한다는 지적이 있어.

열대 우림을 없애고 그곳에 심은 엄청난 양의 옥수수, 콩 등의 작물이 그 지역 사람들의 식량으로 쓰이는 게 아니라, 내다 팔 가축의 사료로 쓰이고 있어. 전 세계 식량 산업의 구조적인 병폐라고 할까. 정작 사람은 굶는데 지구 한쪽에서 육식하는 이들을 위해 키워지는 가축들은 배를 불리는 상황인 거야. 이렇듯 기아의 진실은 들여다볼수록 기이한 모습을 하고 있단다.

우리나라는 2000년에 하루 평균 1만 1400톤이었던 음식물 쓰레기 발생량이 2012년에 1만 7100톤으로 늘었어. 지구촌 어떤 곳에서는 굶주리는 사람들이 있지만 또 다른 어떤 곳에서는 이렇게 엄청난 양의 음식이 버려지고 있는 거야. 더욱 놀라운 것은 해마다 생산되는 식량의 3분의 1 정도가 그냥 버려진다는 거지. 팔려고 내놓았다가 유통 기한이 지나면 그대로 폐기되거든. 돈으로 환산해 보면 2005년 기준으로 연간 18조 원의 음식물 쓰레기가 생겼고 이걸 처리하는 데 드는 비용은 6000억 원 이상이었단다.

5초에 한 명꼴로 어린이가 굶어 죽는 현실과 소비되지도 않은 채 먹을 것이 사라져 가는 이 불공평함을 우리는 어떻게 이해해야 할까. 음식을 버린다는 것은 윤리적인 문제로 그치지 않아. 이건 에너지 낭비와도 관련이 있단다. 농작물을 재배하거나 가축을 키우는 데 들어간 에너지도 함께 버려진다는 뜻이니까. 환경 오염도 문제야. 음식물 쓰레기는 다른 것들처럼 태워 버릴 수가 없어. 땅에 묻어야 하는데 그렇게 되면 음식물에 들어 있는 염분과 썩으면서 생기는 침출수가 땅과 지하수를 오염시킨단다. 뭔가 단단히 잘못되어 있는 게 틀림없어. 그래서 많은 사람들이 버려지는 음식물을 줄이고자 노력하고 있단다.

우리나라에서도 2013년 6월부터 버린 양만큼 부담금을 내는 음식물 쓰레기 종량제가 실시되고 있어. 덕분에 많이 줄어들기는 했지만, 제도와 함께 우리 각자의 태도도 바꿔야 한다고 생각해. 한 상 가득 차려 놓고 먹거나 음식을 남기는 것을 아무렇지 않게 생각하는 문화가 있거든. 원래 그랬던 건 아니야. 우리나라는 오래전부터 음식을 아끼는 전통이 있었단다. 식습관을 바꾸면 종량제보다 더 큰 효과를 볼 수 있어.

예컨대 불교의 오랜 전통 가운데 '발우 공양'이란 것이 있단다. 음식을 남김없이 먹고 빈 그릇에 붙은 찌꺼기까지 깨끗하게 물로 헹구어 먹는 식사법이야. 발우 공양은 음식으로 배를 채우는 것보다는 정신과 마음을 채우는 스님들의 수행 가운데 하나였어. 햇볕과 물과 바람 그리고 농부의 정성으로 길러온 것들이 우리 몸을 지탱시켜 준다는 것을 생각하며 밥상 앞에 앉는다면 경건할 수밖에 없겠지. 과도한 음식 소비로 지구가 오염되고 비만 인구가 늘어나는 오늘날 우리에게 필요한 마음가짐이 아닐까.

2050년 세계 인구는 90억 명이 될 걸로 예측되고 있어. 인구는 기하급수적으로 늘고 있지만 기후 변화로 인해 식량 생산은 점점 불투명해지고 있지. 지구 저편에서는 먹을 게 없어 갈비뼈가 드러날 정도로 앙상해진 채 죽음을 기다리는 아이들이 숱하게 많다는 걸 생각한다면, 그리고 그 굶주림의 고리를 끊고자 애썼던 이들을 떠올려 본다면 지금 내가 먹고자 하는 이 음식의 양은 적절한지 한 번 더 생각하게 되진 않을까.

밥 한 그릇, 반찬 한 접시에는 수많은 사람들의 노력과 자연의 수고로움이 깃들어 있단다. 그 모든 것에 감사하는 마음을 가진다면 음식을 함부로 버리는 일은 줄어들지 않을까. 지금 이 순간, 몇 명의 생명을 살릴 수 있는 음식이 내 앞에 놓여 있음을 깨닫는 것이 중요해. 필요 이상으로 음식을 낭비하고 있지는 않은지 나를 돌아볼 일이야. 음식을 알뜰하게 비우고 배고픈 사람들의 처지를 한 번이라도 생각하는 마음이 필요해. 욕심을 버리는 것이야말로 나와 이웃을 살리고 내가 사는 세상을 지키는 일일 테니까.

에너지

우리가 살아가는 데 없어서는 안 되는 것이 뭐지? 하고 물으면 공기, 물 이런 대답이 나올 거야. 그런데 현대인의 일상에 빠질 수 없는 게 또 하나 있단다. 바로 석유야. 전기를 생산하고 차를 움직이게 하고 음식을 생산하는 데도 필요하지. 음식이라고 하니까 "에이, 석유를 어떻게 먹어요?" 이런 친구들이 있을 수 있어. 한번 들어 봐.

농사를 지으려면 트랙터나 농약, 비료가 필요하잖아. 예전처럼 오로지 사람과 가축의 힘으로 농사를 짓던 시절이 아니니까. 현대 농업에서 농약과 비료는 필수품이 된 지 오래야. 아직도 많은 곳에서 사용하는 합성 비료의 원료는 석유에서 추출한 질소, 인산, 칼륨 등이고 농약도 마찬가지란다. 경운기나 트랙터 같은 농기계들은 석유가 없으면 움직이지 않지. 계절에 상관없이 먹을 수 있는 과일이나 채소들은 비닐하우스에서 재배되고 있고. 어때, 석유가 농업과 떼려야 뗄 수 없는 관계라는 걸 이제 알겠니?

잠깐 옛이야기를 해 볼게. 옛날 어느 마을에 못된 계모가 있었다는 구나. 착한 의붓딸을 구박하는 것으로도 모자라 아예 내쫓아 버리려고 했지. 하루는 계모가 의붓딸에게 나물을 한 바구니 뜯어 오라는 거야. 밖에는 눈이 펄펄 내리는데 말이야. 의붓딸은 울며 사정을 해. 이 엄동 설한에 나물을 어떻게 구해 오느냐고. 그렇지만 새어머니는 당장 뜯어 오지 않으면 내쫓아 버리겠다고 엄포를 놓지.

또 다른 이야기도 있어. 어느 고을에 새로 원님이 부임하는데 아주 성미가 고약했던 거야. 동네에서 제일가는 부자의 재산을 가로채려고 생트집을 부려 부자를 옥에 가두어 버리지. 그러자 부잣집 아들이 원님을 찾아간단다. 아버지가 풀려나려면 어찌해야 하는지 묻자 원님이 이렇게 말해. "당장 가서 딸기 한 바구니 가져오너라." 문제는 이번에도 계절이 한겨울이라는 거야. 황당해하던 아들은 어쩔 수 없이 딸기를 찾아 나서지. 지성이면 감천이라고 지극한 효성에 감복한 산신령이 어느 산골짜기에 딸기를 소담스레 열리게 한단다.

두 이야기의 공통점은 제철 아닌 과일이나 나물을 가져오라는 불가능한 요구를 해서 곤경에 처하게 하는 내용이야. 하지만 오늘날엔 이런 이야기가 통하지 않겠지? 계절과 상관없이 언제든 원하는 과일을 먹을 수 있게 됐으니까 말이야.

한겨울의 딸기는 더 이상 기적이 아니야. 지금도 마트에 가면 각양각색의 과일들이 쌓여 있으니까. 그만큼 편리해졌다는 말인데, 이걸 달리 생각해 볼 수도 있을 거 같아. 한겨울에 열리는 수박은 자연스러운 일일까? 순리를 거스르는 일은 아닐까? 생각이 각자 다를 수 있지만, 분명한 것은 이 모든 게 아까 말했듯이 석유가 없다면 불가능하다는 거야.

검은 진주라 불리는 석유는 인류에게 번영을 가져다줬어. 그 덕에 고작 100년 조금 넘는 기간 동안 인류는 엄청난 진보를 이루게 됐지. 핸들만 움직이면 옛날에 한 달이 걸려 다니던 길도 몇 시간 만에 갈 수 있게 되었고, 말 100마리가 끌어도 어려웠을 일들을 기계 하나가 뚝딱 해내는 세상이 되었으니까. 밤과 낮, 추위와 더위에 상관없이 인간은 활동 영역을 넓혀 갈 수 있게 되었어. 하지만 이제 그 대가를 치러야 할 때가 된 걸까. 석유라는 화석 연료가 가져온 전 지구적 변화가 우리의 미래를 어둡게 하고 있어.

석유

인간과 에너지

겨울에서 봄으로 넘어오는 무렵이면 꼭 한 번이라도 나뭇가지에 돋아 있는 겨울눈을 들여다보렴. 겨울눈을 감싸고 있는 껍질은 아기를 감싸는 포대기 같다고 해서 '포'라고 부르거든. 목련의 꽃눈을 싸고 있는 포의 생김새를 보고 있으면 마치 두툼한 털 코트를 껴입은 것 같아. 그 포가 벗겨질 때는 딸각하는 소리가 들리는 것 같지. 봄이 오면 따스한 볕에 한 겹씩 포를 벗고 꽃이 피어난단다. 화려한 꽃들이 피어나고 겨우내 감싸고 있던 포가 바닥에 떨어질 때쯤 우리는 달력에서 '춘분'이란 글자를 만나게 되지. 긴긴 겨울밤이 끝나고 환한 낮이 점차 자라나 낮과 밤의 길이가 같아지는 때야.

남녘에서 시작된 노란색 복수초, 흰 너도바람꽃, 보랏빛 제비꽃 소식이 알록달록 올라와. 도시의 보도블록 사이에는 하나둘 별이 내려와 별꽃이 피고, 거리를 걸을 때면 곧 지천으로 꽃 잔치할 날도 멀지 않았구나 생각하게 되지. 따스한 햇볕은 식물들이 깨어나 꽃을 피울 수 있도록 하는 에너지야. 우리가 추운 겨울을 견딜 수 있는 건 그 끝에 봄이 기다리고 있다는 걸 알기 때문일 거야. 미래가 있다는 것만큼 힘이 되는 것이 또 있을까. 바꾸어 말하면 미래가 어둡다면 현실을 견디기 어렵다는 얘기일 거야.

우리 인간도 생존을 유지하려면 꽃처럼 에너지를 공급받아야 해. 공기를 들이마시거나 체온을 유지하는 데도 에너지가 필요한데, 그걸 얻기 위해 우리는 매일 밥을 먹고 운동을 하지. 우리를 둘러싼 주변 환경 역시 에너지로 지탱된단다. 지금 우리가 살고 있는 집, 입고 있는 옷이나 사용하는 생활필수품들은 어떻게 만들어지는 걸까? 여러 가지 과정을 거치지만 결국은 석유에서 시작한다고 생각해. 근원을 찾다 보면 결국 석유라는 에너지원과 마주치게 된다는 얘기야. 우리가 먹고 입고 자는 모든 생활의 밑바닥을 석유라는 자원이 떠받치고 있어. 역사상 인류가 오늘처럼 석유에 의존했던 적은 없었단다. 그런데 문제는 석유가 무한정한 자원이 아니라는 거야. 전문가들에 따르면 오래지 않아 석유가 바닥난다고 해. 물론 매장량에 대한 이견이 있기는 하지만 그때를 위해 대안을 마련해야 한다는 데는 누구나 동의하고 있단다.

매년 3월 마지막 토요일은 '지구촌 전등 끄기 날'이야. 뉴질랜드에서 시작해 서울을 거쳐 서쪽으로 지구를 한 바퀴 돌면서 전 세계가 마치 파도타기 하듯 1시간씩 불을 *끄*지. 에너지를 아껴서 기후 변화에 대응하자는 메시지를 전달하는 행사야. 그런다고 얼마나 전기가 절약될까 생각하겠지만 결코 적지 않다고 해. 2012년 서울시가 지구촌 불 *끄*기 행사로 절약한 에너지를 돈으로 환산해 보니 약 23억 원쯤 됐어. 작은 노력이 모여 이처럼 큰 성과를 낼 수 있다는 거야. 무엇보다도 자연의 질서를 어지럽히는 인간의 문명에 대해 성찰하는 시간을 가질 수 있다는 데 의미가 있다고 생각해.

화석 에너지에 의존하고 있는 현대 문명이 변하지 않고서는 밝은 미래를 기대하기 어렵단다. 대대손손 나누어 써야 할 자원을 지금 여기서 모조리 써 버리는 건 나만 잘살면 그만이라는 탐욕일 뿐이야.

우리가 조금만 노력하면 돼. 귀찮아서 그대로 꽂아둔 플러그를 뽑기만 해도 전력 소비량의 10퍼센트 이상을 줄일 수 있어. 가전제품의 에너지 효율을 높이는 것도 효과가 크지. 전기를 많이 생산하는 것보다 조금 덜 사용하는 게 대안이라는 거야.

신문과 방송에서는 해마다 기후 변화로 인한 자연재해의 혹독한 결과를 보여주고 있어. 여름은 더 더워지고 겨울은 더욱 추워지고 있지. 이 모든 게 화석 연료에 의존한 우리의 잘못이야. 기후 변화는 우리가 '편리' 혹은 '탐욕'이란 이름으로 에너지를 마구 써 버린 대가야.

변함없이 찾아오는 계절이지만, 올여름에는 기상 이변이 없을지, 내년 봄에도 꽃이 필지 불안한 마음이 생기는 건 한낱 기우에 불과한 걸까? 볕 드는 둔덕에서 노란 양지꽃을 발견하며 느긋하게 계절을 맞이하려면, 그리고 다음 세대들도 철마다 계절의 변화를 근심 없이 맞이하려면 지금 당장, 우리는 편안함을 즐거운 불편함으로 바꿀 용기를 내야 해.

셰일가스

노란 드럼통을 가운데 두고 양옆에 두 명의 남녀가 앉아 있어. 그들의 옷에는 "NO"라고 쓰여 있고. 바로 2014년 7월 루마니아 북동부의 푼제슈티 마을에서 벌어진 시위 장면이야. 환경 단체인 그린피스 활동가들이 미국 에너지 회사 셰브론의 셰일가스 개발에 항의하고 있었지. 이들은 셰일가스를 채굴하는 과정에서 화학 물질들이 지하수를 오염시킬 거라고 주장했어. 한편 미국의 대학생 시위대가 셰일가스 개발에 반대하며 백악관을 향하다 연행되는 사건도 있었단다.

셰일가스는 진흙이 수평으로 퇴적된 후 굳어진 암석층에서 생긴 가스야. 모래와 화학 첨가물을 섞은 높은 압력의 물을 파이프를 통해 지하수 킬로미터 밑의 바위에 쏘는 수압 파쇄(프래킹) 방식으로 추출해. 바위를 뚫고 그 안에 있는 가스를 뽑아내는 거야. 2000년대 중반부터 미국과 캐나다에서는 그 생산량이 크게 늘었어. 유럽에서는 영국과 헝가리, 폴란드 정도만 개발을 허용하고 있대. 그런데 가스를 캐는 과정에서 지하수가 오염되고 지구 온난화를 일으키는 메탄가스가 나올 수 있다는 지적이 있어. 그래서 영국과 독일, 루마니아에서는 '프래킹 반대' 시위가 벌어졌고 프랑스와 네덜란드, 불가리아는 개발을 금지하고 있단다. 셰일가스 채굴이 지진의 원인이라는 연구 결과도 있었어. 과학지 〈사이언스〉에 실린 논문에 의하면 수압 파쇄 공법이 암반에 영향을 미쳐 지진을 유발할 수 있다고 해. 실제로 미국 중부 오클라호마 주에서는 시도 때도 없이 지진이 발생하고 있어. 1년에 평균 1.5회 발생하던 지진이 2015년 들어 4월까지만 300번 이상 발생했대. 거기다 지진의 강도도 점차 세지는 추세라는 거야. 이 지진은 셰일가스를 채굴하고 난 뒤 남은 폐수를 처리하는 과정에서 생긴다고 추정하고 있어. 폐수가 오염되어 강에도 바다에도 버릴 수 없자 지하 1000미터 이상에다가 오염된 폐수를 매립했는데, 이 폐수가 지하 깊은 곳에서 단층 사이로 스며들었어. 그리고는 압력의 변화를 가져와 벌어진 결과가 지진이래. 인간이 태풍에 이어 지진까지 만드는 시대에 우리가 살고 있다는 무서운 얘기야.

미국은 셰일가스 개발 덕분에 세계 최대 에너지 수입국에서 에너지 수출국으로 탈바꿈하고 있어. 셰일가스가 그만큼 주요 에너지원이 되어 가고 있다는 거야. 그러니 앞서 제기된 문제에 대해 좀 더 면밀한 검토가 필요하겠지? 안전하고 깨끗한 에너지원이야말로 미래의 지구를 위해 꼭 필요한 일일 테니 말이야.

바이오 연료

앙상한 뼈마디가 다 드러난 몸, 배만 불룩하고 눈이 툭 튀어나온 흑인 어린아이. 아프리카 기아 난민을 돕는 국제 구호 엔지오(NGO)들의 광고에 많이 등장하는 장면이야. TV의 자선 프로그램에서도 종종 그런 장면을 보게 되지. 그때마다 사람들은 '어떻게 저렇게까지 비참할 수 있지.' 하며 마음 아파할 거야.

상황이 이러한데 지구 한쪽에서는 식량을 자동차 연료로 쓰고 있다면 믿을 수 있겠니? 바로 '바이오 연료'라는 것이야. 두 가지 종류가 있는데 그중 하나는 바이오 에탄올이라고 해. 곡식을 발효시키면 에탄올이 나오는데 이걸 사용하는 거야. 어른들이 마시는 술 중에 막걸리라는 게 있지? 같은 원리로 만들어진 술이야. 에탄올은 알코올의 한 종류란다. 막걸리처럼 곡물을 발효시켜 기계를 동작시키는 연료로 사용하는 거야. 옥수수나 사탕수수가 원료로 쓰이지.

다른 하나는 바이오 디젤이란다. 이건 콩이나 유채 씨, 열대야자 등에서 얻은 기름을 화학 처리해서 만든 연료야. 화석 연료보다 이산화탄소를 20퍼센트가량 적게 배출하기 때문에 환경 친화적 에너지로 각광받았지.

그런데 최근 이런 바이오 연료에 대해 우려의 목소리가 커지고 있어. 왜냐고? 탄소 배출량을 계산하는 과정에서 빠뜨린 게 있었던 거야. 바로 재배 과정이었지. 바이오 연료를 얻으려면 원료인 곡물이 필요한데 그걸 재배하는 과정에 엄청나게 많은 에너지가 소비된다는 것을 알게 됐어. '농사=석유'라는 건 앞에서 얘기했지? 경작지를 확보하려고 열대 우림을 파괴하는 부작용도 생겼단다. 결국 효율성이 떨어졌던 거야. 가령 옥수수를 재배해서 에탄올로 바꿔서 에너지원으로 쓴다고 했을 때, 그 과정에서 많은 에너지가 소비되기 때문이야. 실제로 바이오 연료 생산 과정에서 배출되는 탄소량이 바이오 연료로 인한 온실가스 감축 규모의 17~420배에 이른다고 해. 배보다 배꼽이 더 큰 거지. 여기에 숲 등의 생태계 파괴까지 고려해 보면 결코 환영할 만한 대안이 아닌 거야.

아랍의 봄이라고 들어 봤니? 2010년 아프리카 튀니지에서 시작해

북아프리카 아랍국으로 번졌던 반정부 시위를 일컫는 말이야. 그런데 이게 바이오 연료와 관련이 있다는 주장이 있어. 그 이유를 살펴볼까?

2000년부터 2008년까지 세계 바이오 에탄올 생산은 200억 리터에서 656억 리터로 약 세 배가량 증가했다고 해. 특히 미국은 63억 리터에서 350억 리터로 거의 다섯 배 이상 증가했단다. 미국은 휘발유 소비를 줄이고자 미국 옥수수 생산량의 13퍼센트를 에탄올 생산에 사용했다고 해. 그러자 세계 옥수수값이 올랐어. 공급이 줄어드니 자연히 그렇게 된 거지. 사람이 먹어야 할 식량인 옥수수를 자동차가 대신 먹어 치우는 바람에 값이 올라간 셈이야. 그래서 전 세계적으로 식료품 가격이 상승하게 되었어. 이것 때문에 사람들의 불만이 커지고 사회 불안이 심해지면서 '아랍의 봄'이 일어났다는 거야. 지나친 억측이라고? 글쎄, 인간에게 먹고사는 문제보다 더 중요하고 시급한 문제가 있을까?

하지만 바이오 연료가 모두 그런 것은 아니야. 무엇으로 만드느냐에 따라 다르단다. 얼마 전 한 바이오 디젤 공장에 다녀왔어. 들어서자마자 고소한 기름 냄새가 진동하더구나. 폐식용유로 연료를 만드는 공장이었거든. 우리가 튀김 요리를 하거나 고기 구울 때 나오는 기름은 처치 곤란이잖아. 검게 변해 버려서 더 이상 사용할 수가 없으니까. 이걸 하수구에 그냥 버리면 중간에 굳어서 배수관이 막히거나 수질 오염을 일으키지. 그런 폐식용유를 따로 모아서 재활용해. 아까 그 공장은 이렇게 모인 폐식용유를 화학 처리해서 바이오 디젤로 만드는 곳이었어. 폐식용유뿐만 아니라 돼지기름, 우지(牛脂) 그리고 완전히 썩어 새카맣게 굳어 버린 음식물의 지방까지, 모든 유지 성분은 바이오 디젤의 원료가 될 수 있단다. 이렇게 만들어진 연료는 훌륭한 친환경 에너지 자원이 돼. 버리면 토양 오염의 원인이 될 수도 있는 걸 에너지로 전환하니까 일석이조라 할 수 있지.

전기

지난여름 친구를 만나러 간 적이 있어. 오피스텔 안에 차려진 사무실로 들어가자 한여름 찜통더위를 비웃듯 서늘하더구나. 나중엔 소름이 돋기까지 해서 친구가 건네주는 겉옷을 걸치고 있어야 했지. 그런데 한 시간쯤 지나니 머리가 어지러운 거야. 에어컨을 끄고 창문을 열어 달라고 했어. 한쪽 벽면이 온통 유리로 되어 있었는데 열어서 통풍을 할 수 있는 부분은 손바닥만 한 거야. 그것도 윗부분만 살짝 열리는 정도라서 맞바람은커녕 환기도 어려워 보였어. 이렇게 꽉 막힌 곳에서 지내다 건강이라도 나빠지면 어쩌나 걱정이 될 정도였단다.

예전에는 더위를 식히는 도구가 많지 않았어. 기껄해야 부채 정도로 만족해야 했지. 그러다 선풍기가 등장하고 에어컨이 발명되었어. 이제는 조금만 덥다 싶으면 바로 에어컨을 켜는 시대가 되었지. 게다가 요즘 짓는 건물들은 냉온방 시설이 잘 되어 있어서 더위나 추위의 영향을 별로 받지 않아. 실내를 쾌적한 온도로 유지해 주니까. 환기도 자동으로 되기 때문에 별도의 창이 필요 없어. 그래서 친구의 사무실에도 작은 배기 창이 전부였던 거야. 편리하기는 한데 자연스러운 바람을 느낄 수 없으니 안타깝더구나. 왠지 시원한 바람과 부채질로 여름을 나던 그 시절이 그리워져. 자꾸만 인간이 자연으로부터 멀어지는 기분이랄까. 초고

층, 자동 환기, 자동 냉난방……, 이런 인위적인 시설들이 과연 우리의
건강에 도움이 될지도 의문이고 말이야.

혹시 카프카라는 작가에 대해 알고 있니? 책 읽기를 즐기는 친구라
면 혹시 들어봤을지도 모르겠구나. 그의 작품 가운데 『변신』이라는 소
설이 있단다. 주인공이 어느 날 자고 일어났더니 벌레로 변해 버렸어.
그래서 주인공이 평소 느끼지 못했던 많은 것들을 깨닫게 된다는 이야
기인데 발상이 참으로 신선해서 지금도 많은 이들에게 읽히지.

나는 가끔 이런 생각을 해 본단다. 만약 이 세상에 콘센트가 사라
진다면 어떤 일이 벌어질까? 하고 말이야. 전기 없이 우리가 할 수 있는
일이 무엇이 있을까? 카프카의 소설처럼 상상을 한번 해 보자꾸나.

우선 아침 잠을 깨우는 휴대전화 알람을 쓸 수가 없어. 습관처럼
SNS를 확인할 수도 없지. 학교에 갈 때 좋아하는 음악을 들을 수도 없
고 게임도 할 수 없어. 전철을 탈 수도 없겠지. 전기밥솥, 냉장고, 세탁
기, 에어컨, 전열기, 전등……, 이런 것들이 없다고 생각하면 상상만으
로도 막막하고 가슴이 조여 오지 않니? 우리의 삶은 하루 24시간을 온
전히 전기에 의존하고 있어. '전기 중독'이라고 할 정도로 말이야.

지난 2012년 미국에서 있었던 일이야. 맨해튼에서 갑작스러운 폭
발음과 함께 갑자기 암흑천지가 되었어. 허리케인 샌디가 쏟아낸 폭우
로 변전소의 축전기에 고압 전류가 흘러 폭발해 버린 거야. 이 사상 초
유의 정전 사고로 도시 기능이 완전히 마비되었단다. 생각을 해 보렴.
맨해튼은 국제 금융의 중심지라 불리는 월스트리트 같은 곳이 있는 도
시야. 그런 곳에 일주일 동안 전기도 안 들어오고 물도 공급이 안 된 거

야. 게다가 밤에는 약탈의 도시로 변해 사람들은 길에 나오지도 못하고 경찰차 사이렌만 요란하게 울려 퍼졌단다. 마치 영화에 나오는 멈춰 노시처럼 말이야. 당시 뉴욕, 뉴저지 등 동부 지역에서만 약 600만 가구가 정전 피해를 입었다고 하니 그 혼란은 상상을 초월했겠지.

다행히 전기 시설은 복구되고 도시 기능은 정상을 찾았지만, 그 일은 우리에게 많은 교훈을 주었단다. 제아무리 화려하고 완벽해 보이던 현대 문명도 '전기'라는 에너지가 없다면 한순간에 무너질 수도 있다는 사실을 말이야.

하지만 에너지 소비는 갈수록 늘고 있어. 1990년 인류가 소비한 에너지양은 20년 전인 1971년보다 60퍼센트나 늘었어. 10년 후인 2010년은 1990년에 비해 50퍼센트가 늘었지. 증가 속도가 훨씬 빨라진 거야. 우리나라의 에너지 소비는 어떨까. 기후변화 행동연구소의 자료에 따르면 1인당 전력 소비량은 미국, 호주에 이어 세계 3위야.

에너지가 무한하다면 풍요도 영원할 수 있을 거야. 하지만 지구는 하나뿐이란다. 전기를 생산하는 석유, 천연가스, 석탄 같은 자원들은 물론 우라늄조차 곧 바닥이 날 거라니 여기에 대비해야 하지 않겠니?

그동안 풍족하게 에너지를 써 댄 덕분에 우리는 지구 온난화라는 선물(?)을 얻었어. 화석 연료의 사용과 무분별한 숲의 훼손이 낳은 결과야. 더워서 에너지를 쓰고 그 에너지가 우릴 더욱 덥게 만드는 악순환이 생긴 거지. 한때 이런 문제를 한 번에 해결해 줄 '해결사'가 등장한 적이 있었단다. 바로 '핵'이야. 화석 연료가 아니니 탄소 배출을 염려할 필요가 없는 기후 변화의 대안 에너지로 소개되었어. 사람들은 열광했고 인류의 미래는 밝을 거로 믿었어. 하지만 곧 깨달았단다. 청정 에너지라 믿었던 핵이 오히려 재앙이 될 수도 있다는 사실을 말이지.

핵에너지의 원료인 우라늄을 채굴하고 정련하는 과정에서 많은 양의 온실가스가 배출돼. 게다가 매장량도 한정된 유한한 자원이야. 결정적으로 핵은 인간에게 치명적이야. 극소량에 노출되어도 생명을 잃고 말지. 그럼에도 핵 관련 업계에 종사하는 사람들은 핵이 안전하고 깨끗하며 경제적이라고 선전해 왔어. 하지만 사실과 다르다는 걸 깨닫기까지 그리 오래 걸리지 않았단다. 1986년 체르노빌 원전 사고가 있었고 지금까지도 사고 현장은 수습되지 못하고 있어. 2011년 일본 후쿠시마 원전을 덮친 쓰나미로 원자로가 붕괴되는 사고가 발생했지. 당연히 지금도 수습 불능 상태야. 방사능은 계속 흘러나오고 주변 지역은 물론이고 일본 영토의 70퍼센트가 오염된 땅이 되고 말았단다.

미국 예일대학교 사회학 교수인 찰스 페로는 '정상 사고'라는 표현을 썼어. 정상적인 상황에서도 복잡한 시스템의 상호 작용에 의해 얼마든 사고가 일어날 수 있다는 거야. 조작 실수라거나 부주의가 아니라 원전이라는 시스템 자체가 사고에 취약하다는 거지.

핵은 깨끗하지도 않단다. 핵발전에 사용되고 남겨진 폐기물을 처리해야 하거든. 방사능은 쉽게 사라지지 않아. 수십만 년 동안 이걸 안전하게 보관해야 하는데 아직 여기에 대한 대안이 없어. 기술적으로도 어렵고 건설 비용이 엄청나기 때문이야. 이렇듯 핵발전소 건설과 유지 관리에 사회적 갈등, 폐기물 처리, 환경 오염 같은 간접 비용까지 포함하면 핵은 값싼 에너지도 아니야. 인류가 통제할 수 없는 위험천만한 에너

핵은 깨끗하지도 않단다.

핵발전에 사용되고 남겨진 폐기물을 처리해야 하거든.

방사능은 쉽게 사라지지 않아.

고리 핵발전소. 사진 _ 김규정 제공

지일 뿐이지.

세계는 후쿠시마 사고를 목격하면서 핵의 위험을 다시 한 번 뼈저리게 느꼈어. 다행히도 지금 세계는 탈핵의 흐름으로 가고 있단다. 독일 정부는 후쿠시마 사고가 있은 지 3개월이 채 지나지 않아 자국 내의 원전을 모두 폐쇄하겠다고 발표했단다. 오래된 원전 여덟 기는 즉시 폐쇄하고 나머지 아홉 기도 2022년까지 완전히 폐쇄한다는 내용이야. 독일은 보수와 진보를 가리지 않고 한목소리로 탈핵을 이야기해. 과거 체르노빌 원전 사고 때 낙진 피해를 입은 경험 때문이기도 하지만, 그동안의 적극적인 반핵 운동의 결과이기도 해. 핵 문제에 대한 꾸준한 관심 그리고 에너지 전환에 대한 구체적인 로드맵이 큰 몫을 했어.

전기 생산의 80퍼센트를 핵발전에 의존하고 있는 프랑스조차 2025년까지 그 비율을 50퍼센트로 낮추는 에너지 전환법이 2015년 통과되었단다. 핵발전 비중을 낮추는 대신 재생 에너지의 비율을 40퍼센트로 확대할 계획이라고 해. 안타깝게도 우리나라는 이런 흐름에 역행하고 있는 나라 중 하나야.

밀양 송전탑 문제는 우리에게 많은 생각거리를 준단다. 언론에도 나오지만, 지역 주민들은 10년째 싸우고 있어. 그런데 정부는 왜 반대를 무릅쓰고 송전탑을 지으려고 했던 걸까? 바로 원전 때문이야. 밀양에 지어진 76만 5000볼트 초고압 송전탑은 새롭게 건설된 원전인 신고리 3호기에서 생산한 전기를 대도시로 보내는 역할을 해. 고압의 전류가 암을 유발하는 등 인체에 치명적이라는 주장이 제기되고 있는 상황에서 아무런 대책도 없이 한국전력공사와 정부가 무리하게 밀어붙인 거야. 고압의 전기가 흐르는 곳에서는 사람은 물론 다른 생명들도 살기가 어려워. 결국 버려진 땅이 되는 거야. 평생을 농사만 짓고 살던 주민들에게 송전탑 건설은 날벼락과도 같았단다. 보상조차 제대로 받지 못하고 삶의 터전을 잃게 되자 노인 두 분이 스스로 목숨을 끊기도 했어.

정말 대안은 없는 걸까? 어쩔 수 없이 원전을 지어야 하고 어쩔 수 없이 고압 송전탑은 계속 지어져야 하는 걸까? 그렇지 않아. 멀리 영광, 고리, 울산에 원전을 짓고 거기서 만들어진 전기를 대도시로 옮길 필요 없이 필요한 지역에서 전기를 만들면 돼. 태양광 발전이 그런 것을 가능하게 한단다. 유럽에서는 이미 태양광 발전이 대세야.

2013년 대구에서 열린 세계 에너지 총회(WEC)에서 전문가들도 핵발전의 미래가 어둡다는 전망을 내놓았어. 미국 등 선진국에서 핵발전을 줄이고 있기 때문에 산업적으로도 성장이 어렵다는 분석을 한 거야. 그런데도 우리나라는 정책적으로 원전을 밀어붙이고 있어. 뭔가 거꾸로 가는 것 같지 않니? 밀양 송전탑 사태처럼 갈등만 일으키는 핵발전소에 집착할 게 아니라 다른 나라들처럼 지속 가능한 에너지로 눈을 돌려야만 해.

핵발전소를 없애자고 하면 반발하는 사람들도 있어. "그럼 전기 없는 원시 시대로 돌아가자는 거냐?" 하고 말이야. 과연 그럴까? 그럴 리가! 여기에 대한 대답은 태양광, 풍력, 지열, 수열 같은 지속 가능한 에너지들이야. 하지만 가장 중요한 대안은 에너지 소비 자체를 줄이는 거라고 생각해. 우리가 얼마나 많은 에너지를 소비하며 사는지 한번 돌아봐야 해. 그리고 느껴야겠지. 물질적으로 풍요로운 삶, 편리한 삶의 많은 부분을 포기하지 않고는 그 어떤 방법으로도 인류가 처한 이 난관을 해결할 방법이 없어. 조금 쓰고 작은 것에도 만족하는 '소욕지족'(少欲知足)의 삶, 그것만이 유일한 대안이란다.

물건의 일생

어릴 적에 아끼던 블라우스가 하나 있었어. 얼마나 좋아했느냐면 소매 끝자락에 붙은 레이스가 너덜거릴 정도로 낡았는데도 요리조리 꿰매어 가며, 몇 년을 더 입었단다. 어떤 물건은 유독 애착이 가서 쉽게 버릴 수가 없어. 게다가 당시는 물자가 풍족하지 않았기 때문에 사람들이 물건을 아껴 썼지. 설빔, 추석빔으로 1년에 두어 벌 새 옷을 장만하면 그나마 넉넉하게 산다고 생각하던 시절이었으니까. 불과 몇십 년 전이니 그리 오래된 과거가 아니야. 지금은 어떠니?

아무 때나 싼값에 옷을 살 수 있지. 수선해서 입는 것보다 새로 사는 게 더 나을 정도야. 값싼 티셔츠를 사서 여름 한 철 입다가 버려도 돈이 아깝다는 생각은 들지 않아. 언제부터인지는 모르지만 옷은 잠깐 입고 버리는 물건이 되어 버렸어. 그런데 왜 옷값이 이렇게 싸졌는지, 입다 버린 옷은 어떻게 되는지 궁금해하는 사람은 별로 없더구나.

오히려 여러 장의 옷을 가질 수 있으니 좋지 않으냐고 생각하는 친구들은 많을 거야. 나 역시 그랬단다. 그런데 어느 날 옷장을 정리하다 보니까 언제 샀는지 기억조차 나지 않은 옷들로 빼곡한 거야. 대개 충동구매한 것들이었지. 디자인이 멋져서 산 것도 있지만 가격이 싸서 안 사도 될 걸 여러 장 사 놓은 것도 있었어. 한 번도 입어 본 적이 없는 옷들도 수두룩했지.

왜 입지도 않을 옷을 샀을까 하고 이유를 생각해 보았어. 그랬더니 첫째는 옷값이었어. 비쌌으면 이 옷들이 서랍 속에 들어올 수 있었을까? 물가는 오른다는데 가격이 싸지는 이유가 뭐지? 생각은 꼬리를 물었지. 옷뿐만 아니라 가방이며 신발, 컵이나 접시 같은 생활용품들도 눈에 들어왔어. 그것들이 어떻게 만들어졌는지, 세상에 나와서 그 쓰임은 다 하고 있는지 궁금해지더구나.

내가 즐겨 마시는 커피 중에 동티모르에서 재배한 원두로 만든 것이 있어. 진한 커피 향을 음미하면서 인도네시아 남쪽의 작은 섬나라 동티모르 어디쯤에서 빨간 과육에 싸여 있던 열매를 생각해 본단다. 커피나무가 심어진 그곳은 어떤 곳일까? 하고 말이야.

그런데 오래전, 동티모르에는 백단목이라는 나무가 많았대. 이 나무는 은은한 향 덕분에 수공예품으로 인기가 많았지. 그런데 동티모르를 지배하던 포르투갈 인들과 인도네시아 인들은 이 나무를 마구 베었어. 그리곤 그 자리에 여러 작물을 심었는데, 그중 하나가 커피야. 백단목은 자라는 데 시간이 오래 걸리거든. 커피는 당시 인기가 좋은 상품이었어. 돈벌이하는 데 훨씬 유리했던 거야. 지구 한곳에서 여유롭게 커피를 마시는 동안 동티모르의 아름다운 숲은 사라져갔단다.

상품을 만들려고 가난한 나라의 자연이 훼손되는 경우는 그 외에도 많아. 아프리카 같은 곳은 각종 제품의 원료가 되는 천연자원들이 풍부한데, 이걸 선진국에서 가져다 쓰면서 점점 고갈되어 가고 있단다. 지구 전체적으로 보았을 때 지난 30년 동안 천연자원의 3분의 1이 소비되었다고 하니 규모를 짐작할 수 있어. 그 속도가 너무 빨라서 자연스러운 회복이 불가능할 정도란다.

복사용 종이 1톤을 만들기 위해 숲에서 나무 2, 3톤이 베어지고, 전자 제품의 원료로 쓰이는 납과 금을 채굴하느라 주변 강과 흙을 오염시켜 그 일대는 폐허가 된단다. 게다가 선진국에서 버려진 전자 제품들은 다시 가난한 나라로 보내져. 돈을 주고 쓰레기를 갖다 버리는 거지. 선진국은 깨끗해져서 좋겠지만 돈 몇 푼에 이걸 떠안은 지역은 황폐해지는 거야.

몇몇 기업과 나라의 이익 앞에서는 인권도 뒷전이란다. 콜탄은 휴대폰이나 일회용 건전지를 만드는 데 꼭 필요한 자원이야. 그런데 이건 선진국에 없단다. 아프리카에 있는 콩고 같은 나라가 주요 생산국이지. 이곳의 아이들은 돈을 벌기 위해 학교도 그만두고 콜탄을 캐고 있어. 아프리카를 비롯한 제3세계에는 장시간 저임금 노동에 시달리는 아이들이 많단다. 국제노동기구(ILO)와 국제사면위에 따르면 전 세계에서 5~14살의 어린이 2억 5000만 명이 노동에 종사하고 있으며 이 중 5000~6000만 명이 위험한 일에 종사하고 있대. 이들은 일상적으로 건강을 위협받고 있어. 열악한 작업 환경과 저임금은 더 많은 이익을 남기려는 기업들의 이해관계와 관련이 있어. 이들에게 제대로 된 대가를 주려면 제품 가격을 올려야 하기 때문이지.

원료를 구하는 단계에서만 이런 식의 착취가 일어나는 건 아니야. 하나의 제품을 만들려면 많은 공정이 필요하지. 그중에는 화학 물질을 이용하는 것도 많아. 현재 상업 분야에서는 약 10만 가지가 넘는 합성 화학 물질이 다뤄지고 있다고 해. 이 가운데 소수만이 인체에 미치는 영향에 대해 검증받았어. 나머지는 얼마나 나쁜지조차 알 수 없다는 거야. 그럴듯하게 보이기 위해 저렴한 화학 약품으로 처리한 제품은 우리 주변에 많아. 일일이 따져 보지 않으니 모를 뿐이지. 눈으로는 알 수가 없으니까. 이런 제품들은 그 자체로 건강에 나쁘기도 하지만, 만들어지는 과정에서도 수많은 오염 물질을 배출한단다. 당연히 이걸 만드는 사람들에게도 안 좋은 영향을 미치겠지?

이렇듯 원료 채취에서 제품 생산 과정을 살펴보면, 싼값을 위해 희생해야 하는 것들이 많다는 것을 알 수 있단다. 예컨대 정상적으로 만들면 1만 원이어야 할 제품이, 임금 착취와 유해 물질 사용 등으로 가격을 낮추면 단돈 1000원이 될 수도 있다는 거야. 유통 과정을 줄이거나 새로운 기술을 개발하는 대신 이런 식으로 상품 가격을 내리는 경우가 많아. 쉽게 돈을 벌 수 있으니까. 문제는 여기서 끝이 아니란다.

싼 물건은 사람들이 가치를 두지 않아. 적당히 쓰다가 미련 없이 버리기 마련이란다. 쉽게 사서 쉽게 쓰는 풍토가 생기는 거야. 정말 필요한 물건을 제값에 산다면 좀 더 신중하겠지. 하지만 몇 푼 안 되는 물건이라면 망설일 필요가 없는 거야. 일단 사서 쓰다가 마음에 안 들면 버리면 되니까.

예전에는 동네에 우산 고치는 아저씨들이 한 달에 한두 번씩 다녀가시곤 했어. 망가진 우산이 아저씨 손을 거치면 신기할 정도로 멀쩡해졌단다. 아저씨가 자리를 잡고 앉아 사람들이 가져온 망가진 우산을 이리저리 살펴보던 풍경이 지금도 눈에 선해. 요즘처럼 우산 살 하나 부러졌다고 버리는 일은 상상도 할 수 없었던 시절이었지. 하지만 지금은 그런 분을 볼 수 없어. 아무도 우산을 고치지 않기 때문이야. 고쳐 쓰지 않는다는 얘기는 쓰레기가 더 많아진다는 얘기가 아닐까. 그렇다면 폐기된 물건들은 어떻게 처리될까? 땅에 묻기도 하고 태워 버리기도 하는데 그 과정에서 독성 물질이 발생해. 대표적인 것이 바로 다이옥신이야.

다이옥신이 얼마나 무서운 물질인지를 보여주는 상징적인 사건이 있어. 2004년 당시 우크라이나 야당 대선 후보였던 빅토르 유시첸코가 선거 직전 쓰러진단다. 알고 보니 러시아와 친러시아파 세력이 그를 죽이기 위해 음식에 다이옥신을 넣은 거였어. 다행히 건강을 회복하고 대통령에 당선됐지만 후유증으로 얼굴에 수포가 생기고 흉하게 일그러졌단다. 다이옥신은 맹독성 물질로 아주 적은 양도 인체에 치명적이야. 산업 폐기물이나 생활 폐기물 등을 태우는 과정에서 발생하고 자동차 매연에서도 생겨. 독성이 워낙에 세서 자연 상태에서는 식물이나 곤충 같은 작은 생명체를 오염시키는데 먹이 사슬을 통해 우리 몸에 축적된단다.

물건을 만들고 버리고 폐기 처리하는 순환 사이클이 점점 짧아지면서 다이옥신도 이전보다 많아지고 있어. 여기에는 산업이 발전한 선진국들의 책임이 커. 세계 인구의 4.4퍼센트를 차지하는 미국은 지구 자원의 30퍼센트를 소비하고 전체 쓰레기양의 30퍼센트를 배출해. 세계인이 모두 미국인처럼 소비한다면 지금의 지구로는 부족할 지경이야. 대략 3~5개의 지구가 필요하다고 전문가들은 말하더구나. 이득은 특정 사람들이 누리지만 피해는 고스란히 지구촌 전체가 부담해야 하니 공평

하지 않은 일이잖아? 무엇보다도 우리가 사는 지구는 쓰다 버리고 새로
살 수 있는 상품이 아니라는 사실, 오직 하나뿐이라는 사실을 알아야 할
거야.

"하늘을 날던 새가 땅으로 떨어지고 숲 속 동물들이 죽고 바다가 검게
변하며 강이 병들어 가는 날이 올 것이다. 그때가 되면, 지구의 모든 사
람들이 지구가 멸망하는 것을 막으려고 무지개 전사들처럼 힘을 모을
것이다." -『고래가 들려주는 무지개 전사호 이야기』(로시오 마르티네스
글 · 그림, 2010년) 중에서

위의 글은 미국 선주민인 크리족들의 예언이라고 해. 어쩌면 지금
의 상황과 이토록 흡사할까 놀라워! 인간이 뿌린 씨앗이니 인간이 거둘
수밖에 없는 게 세상의 이치겠지. 지구를 지키는 일이 무엇보다도 중요
해졌다는 걸 이제 많은 사람들이 이해하고 있어. 하지만 여전히 부족한
것도 사실이야. 1년에 한 번 '지구의 날'이면 당장 행동에 나설 것 같지
만 시간이 지나면 잊혀지지. 계기가 있을 때마다 다짐과 망각을 반복하
고 있는 거야. 우리가 크리족의 예언을 실천하려면 좀 더 적극적으로 나
서야 하지 않을까. 더 늦기 전에 우리와 우리 후손의 삶터인, 하나뿐인
지구를 구하기 위해 '무지개 전사'로 거듭나야 하지 않을까?

착한 에너지
로마클럽이라는 단체가 있어. 유명 학자, 기업가, 전 현직 정치인

등 전 세계 100여 명의 지도자들이 참여해 인류와 지구의 미래에 대해 연구하는 비영리 단체야. 이탈리아의 기업가 아우렐리오 페체이가 주도해서 만들었어. 1968년 4월 로마에서 첫 회의를 가졌기 때문에 로마클럽이라는 이름이 붙었단다.

이 단체의 첫 번째 사업은 '인류의 위기적 상황에 대한 프로젝트'였어. 그리고 결론은 "지금과 같은 추세로 세계 인구와 산업화, 오염, 식량 생산, 자원 약탈이 변함없이 지속된다면 지구는 앞으로 100년 안에 성장의 한계에 도달할 것이다. 그때가 되면 인구와 산업의 생산력이 가장 먼저 돌이킬 수 없을 정도로 급락할 것이다"라는 것이었지. 이 내용은 「인류 위기에 관한 프로젝트 보고서」라는 이름으로 제출되었으며 『성장의 한계』(1972년)라는 책으로도 출판되었어. 보고서가 처음 나왔을 때 세계는 큰 충격에 빠졌단다. 보고서의 내용을 부정하는 반대론자들도 대거 등장했어. 이 보고서는 수많은 논쟁을 낳다가 시간이 흐르면서 잊혀졌단다. 그런데 40년도 넘은 지금, 이 보고서가 다시 주목을 받고 있어. 보고서의 예측이 하나둘씩 맞아들어가고 있기 때문이야. 내용 중 일부를 인용해 볼게.

"하루에 두 배씩 면적을 넓혀 가는 수련이 있다. 만일 수련이 자라는 것을 그대로 놔두면 30일 안에 수련이 연못을 꽉 채워 그 안에 서식하는 다른 생명체들을 모두 사라지게 만들 것이다. 그러나 처음에 보기에는 수련이 너무 작아서 별로 크게 걱정하지 않는다. 수련이 연못을 반쯤 채웠을 때 그것을 치울 생각이다. 29일째 되는 날 수련이 연못의 절반을 덮었다. 연못을 모두 덮기까지는 며칠이 남았을까? 29일? 아니다. 남은 시간은 단 하루뿐이다."

인류 앞에 남겨진 시간은 정말 단 하루뿐일지도 몰라. 그렇다고 자포자기할 필요는 없어. 어떻게 마음을 먹느냐에 따라 하루는 희망의 시간일 수도 체념의 시간일 수도 있기 때문이지.

사람들은 오히려 예전이 행복했다고 말해. 왜 그럴까? 물질은 풍부해졌지만 사람 관계가 각박해졌거든. 경쟁이 치열해져서 풍요 속에서도 그걸 누릴 여유가 없어. 환경 오염과 생태계 파괴도 우리의 행복을 빼앗아가는 요인이고. 인간관계는 어쩌면 우리가 다시 노력하면 예전처럼 돌아갈 수 있을지도 몰라. 하지만 한 번 파괴된 생태계는 되돌릴 수 없어. 이제 쓸수록 지구를 망치는 나쁜 에너지가 아닌 정의롭고 착한 에너지를 찾아야 해. 누구에게나 평등한 에너지, 안전한 자연 에너지로의 전환이야말로 유일하게 남은 방법이 아닐까?

4장

생태적
으로

살기

지금 나부터
실천하기

초록 도시 대작전

오랜만에 한국을 찾은 친구를 만나 식당으로 가는 길이었어. 어디선가 꽹과리와 북소리가 신명 나게 들리더구나. 가 보니 풍물패들이 놀이판을 벌이고 있었어. 신나게 북을 두드리던 사람들이 허리춤에서 모종삽을 꺼내. 그리고는 삼삼오오 모여서 모종을 심어. 어디에 심었는지 아니? 글쎄 쓰레기 봉지가 잔뜩 쌓여 있는 쓰레기장 바로 앞 공터였어. 그곳이 꽉 차자 이번에는 그 옆 쓰레기장의 자투리 공간에다가 심고. 그러다가 더 이상 심을 땅이 없자 고장 난 전기밥솥, 낡아서 못 쓰게 된 여행용 가방 등에 모종을 심었어. 그 장면을 지켜보던 친구는 "저 사람들 도시 게릴라들이군." 하며 웃는 거야. 그의 말에 따르면 이들이 보여 준 것이 '게릴라 가드닝 퍼포먼스'였다고 해. 친구 덕분에 이런저런 얘기를 들을 수 있었지.

게릴라 가드닝이란 도시 곳곳의 방치된 땅에 식물을 심는 거래. 버려진 사유지를 멋진 정원으로 만들면서 도시 녹지화라는 메시지를 보내는 거지. 웹사이트를 통해 전 세계적으로 운동을 펼치고 있는 모양이야.

도시하면 떠오르는 것이 회색의 콘크리트잖아. 그만큼 흙을 보기가 어렵다는 얘기기도 하지. 흙이 귀하니 초록색 식물도 보기 쉽지 않아. 그렇다고 도시에 식물 하나 자라기 어려우리만치 공간이 꽉 차 있느냐하면 그건 또 아니야. 사람들이 바빠 살다 보니 식물에 관심을 기울이지 못하고 있어. 그 때문에 도시는 날로 삭막해져 가고 도시 속 자투리 공간은 쓰레기로 가득 차기 십상이야. 이런 공간을 도시 농부들이 게릴라 작전을 펼치듯 생명이 자라는 땅으로 변신시키려는 게 '게릴라 가드닝'의 목적이라고 하더구나.

현장을 보니까 무척 신기했어. 지나가던 시민들, 주말 데이트를 즐기던 사람들이 꽃이며 채소 모종을 보더니 반가워하며 함께 심는 모습은 대단히 인상적이었단다. "어떻게 심는지 아세요?" 젊은 도시 농부가 물었고, 잘 모른다는 그들에게 곧장 모종 심는 요령을 알려 주는 거야. 마지막에 흙을 꾹꾹 눌러 줘야 쓰러지지 않는다는 말도 빼놓지 않더구나.

농부라고 하면 시골에 나이 지긋한 분들만 떠올렸던 내게 스무 살남짓한 젊은이의 자연스러운 손놀림이 참 신선했단다. 점점 많은 사람들이 모여들어, 모종을 심느라 쪼그리고 앉아 웅성거렸어. 그 순간 나는 사람들의 얼굴이 꽃처럼 피어나는 걸 보았단다. 흙을 만지는 사람들 얼굴은 하나같이 밝았어. 오랜 세월 우리 유전자에 전해 온 흙과 숲의 기억이 되살아난 걸까? 구경만 하던 나도 가만히 있을 수 없어서 상추와

고추 모종을 몇 포기 심었단다. 깜깜해진 밤에 때로 몰려와 도시의 빈 공간을 점령하고 녹색으로 바꾸어 놓는 것, 이게 바로 게릴라 가드닝이었어. 나타날 땐 게릴라처럼, 작업하는 과정은 많은 시민들과 함께였지.

쓰레기 더미였던 곳이 화사하게 생명을 맞이하며 명랑한 의식이 거의 마무리되어 갈 즈음, 즉석 음악회가 열렸어. 고작 사오십 분이 전부였을 거야. 풍물패들의 짤막한 공연부터 모종을 심고 음악 연주에 귀 기울이며 그곳에 함께했던 시간이. 하지만 시간이 지날수록 이때의 기억은 생생해졌단다. 도시 한복판에 느닷없이 모종을 심고 음악 연주까지 하고는 유유히 사라져 버린 도시 농부들이 참 재미나고 엉뚱하다는 생각을 했어. 버려진 한 뼘 땅에 생명의 온기를 불어넣으려는 이들의 행동은 단순한 퍼포먼스가 아니라 처절한 절규일지도 모른다는 생각에 이르렀을 때 정신이 번쩍 들었단다.

세상을 바꾸는 것은 작은 실천이야. 너희도 얼마든지 게릴라가 될 수 있단다. 그 임무는 '도시를 초록으로 물들이는 것'이란 걸 잘 기억해 두렴.

씨앗 폭탄 만들기

씨앗 폭탄(seed's bombs)이란 진흙과 퇴비 그리고 씨앗을 섞어 만든 조그만 덩어리란다. 이걸 흙이 있는 땅에 던져서 싹트고 자라도록 하는 거야. 왜 이런 걸 만드느냐고? 사람이 들어갈 수 없는 공터나, 공사 부지로 묶여 오랫동안 방치된 땅, 쓰레기만 쌓여 가는 버려진 공간에 효과적으로 씨앗을 심을 수 있기 때문이야. 보통 철조망이나 담장으로 못 들어가게 해 놓은 곳에 휙 하고 던져 놓으면 되거든. 씨앗은 우리 땅의 기후에 잘 맞는 토종이나 안 좋은 환경에서도 꿋꿋하게 잘 자라는 식물이 좋겠지. 나는 주로 해바라기, 코스모스, 채송화, 분꽃, 쑥갓 등을 이용하는데. 만드는 방법은 다음과 같아.

1. 진흙, 퇴비, 씨앗을 5:1:1의 비율로 준비한다.
2. 진흙과 퇴비(커피 찌꺼기도 가능), 씨앗을 골고루 섞는다.
3. 물을 부어 가며 반죽할 수 있도록 버무린다.
4. 동그란 경단 모양으로 하나씩 빚는다.
   원하는 모양이 있으면 틀에 넣어 만든다(예: 폭탄, 계란, 별 등등).
5. 그늘에서 2~3일 말린다.
6. 평소 보아 둔 장소에 가서 투척한다.

도시 텃밭 가꾸기

요즘은 흙을 밟을 일이 별로 없지? 특히 우레탄이나 인조 잔디를 까는 운동장도 늘어서 학생들도 흙 구경하기가 어렵다고 해. 어떤 사람들은 흙이 옷에 묻으면 더럽지 않냐며 아스팔트로 포장된 길이 깔끔해서 좋다고도 해. 그런데 흙이 더럽다는 건 우리들의 편견이라고 생각해. 흙은 털어 내고 피해야 할 게 아니라 우리 생명을 낳은 고향과도 같은 존재거든.

일본 후쿠시마 핵발전소 사고 때문에 안전한 먹을거리에 대한 관심이 커졌어. 왜일까? 분출된 방사능으로 땅이 오염됐기 때문이야. 주식인 쌀, 밀, 보리 같은 곡식이나 채소들 모두 흙에서 자라는 것들이잖아. 흙이 오염된 곳에서 자라는 먹을거리는 안전할 수가 없거든.

흙은 우리에게 먹을거리를 주기도 하지만 심리적으로도 위안을 준단다. 주말농장이나 도시 텃밭에 가본 친구들은 알 거야. 학교 수업과 공부하느라 지치고 힘들 때 흙을 만지면 스트레스가 풀리는 걸 느낄 수 있을 거야. 어릴 적 기억을 한번 떠올려 봐. 어린이집이나 유치원에서 흙이나 모래로 놀아 본 적 있지. 얼마나 재미있고 즐거웠는지 지금도 그 때를 생각하면 기분이 유쾌해질 거야. 사람은 흙을 밟으면 마음이 편안해져. 마법 같은 일이지. 기회가 된다면 꼭 맨발로 흙을 밟아 보고 맨손으로 흙을 만져 보길 권해.

마을 공동체라는 말이 요즘 유행한단다. 예전엔 우리 모두가 마을에서 살았어. 함께 모여 궂은 일, 기쁜 일을 나누며 살았지. 함께 일을 도와 가며 농사를 짓고 수확의 기쁨을 같이 누렸어. 그러던 것이 어느 순간 아파트가 들어서고 각자 문을 닫고 들어가면서 공동체의 모습은 찾을 수가 없게 되었단다. 각자 개인적인 삶을 살아왔지. 이렇게 오랜 세월 외로움에 지친 사람들이 다시 마을을 찾기 시작했어. 어쨌든 현대인들이 이전에 비해 지치고 힘든 삶을 사는 것만큼은 확실해.

텃밭도 이런 도시의 삶에서 위안을 찾으려는 노력인 것 같아. 씨를 뿌리고 열매를 거두면서 자연과 함께하고 가족과 뜻깊은 시간을 보낼 수 있으니까. 주말농장이라면 이웃도 사귈 수 있을 거야. 널따란 밭과 초록 식물들을 보면 경계심도 허물어지고 서로에게 말을 건네게 되지. 성공과 발전을 위해 쉼 없이 줄달음쳐 온 우리에게 텃밭은 열린 공간이자 작은 공동체인 것 같아. 그 안에서 쉼과 느리게 산다는 것의 의미를 찾을 수도 있지.

도시의 텃밭은 생태계에도 아주 반가운 일이란다. 내버려둔 땅에 키운 작물들은 광합성 작용으로 도시의 이산화탄소를 흡수하지. 흙은 콘크리트와 달리 빗물을 저장하게 되니까 홍수 조절에도 도움을 줄 수 있어. 식물의 증산(蒸散) 작용으로 뜨거운 도시 온도를 조금이나마 떨어뜨리는 효과도 있단다. 텃밭의 식물들이 꽃을 피우니 벌과 나비에게도 서식처를 제공해 주는 걸 테고.

그러고 보니 텃밭의 이로움은 말로 다 표현할 수가 없구나. 내 손으로 내가 먹을 것을 가꾼다는 기쁨은 해 본 사람만이 알 수 있어. 남이 지은 농산물이나 공장에서 만들어진 것만 접하는 현대인에게 생명이 자라는 모습을 지켜보고 그것으로 나의 먹을거리를 해결하는 과정은 철학적으로도 큰 의미가 있단다. 적절한 햇빛과 알맞은 바람과 곤충들의 힘, 그것들이 만드는 음식을 먹는다면, 자연스레 나와 자연이 하나라고 느끼게 되지 않겠니?

증산 작용이란?

식물 안에 있는 물이 잎의 작은 구멍을 통해 수증기 형태로 공기 중으로 빠져나가는 현상을 말한단다.

옥상을 푸르게 푸르게

도시에서 농사를 짓는다고 하면 많은 사람들이 고개를 갸우뚱거려. 땅이 없는데 어디에다 농작물을 심느냐는 거지. 그런데 생각해 보면 농사지을 땅이 참 많단다. 건물 옥상도 그 중 하나야. 도시를 가득 채운 아파트와 빌딩의 옥상은 지금껏 버려진 공간이나 마찬가지였잖아. 여기에다 정원을 가꾸고 채소를 심는다고 생각해 봐. 충분히 가능한 일이지 않겠어?

게다가 '옥상 농사'는 여러모로 좋은 점이 많단다. 지금의 도시는 너무 더워. 다양한 원인이 있겠지만, 검은색 아스팔트와 회색빛 빌딩의 외벽이 태양열을 흡수하는 것도 그중 하나야. 그래서 다른 나라에서는 건물 옥상을 흰색으로 칠하기도 해. 그런데 만약 이곳을 푸른 식물들로 채운다면 정말 효과 만점 아니겠니? 옥상 텃밭을 일구면 내리쬐는 빛이 직접 빌딩에 닿지 않아서 온도를 낮춰 주지. 마치 머리에 쓰는 모자 같은 효과가 있는 거야. 자연스레 냉방을 위한 에너지 소비도 줄일 수 있지. 좋은 건 알겠는데 식물을 키우는 데 드는 물은 어떻게 하느냐고? 걱정할 필요 없어. 지금 빌딩은 우수관을 통해 빗물을 하수구로 곧장 흘려보내는 구조야. 이걸 활용하면 된단다. 자세한 내용은 뒤에 나오는 빗물 저금통에서 얘기하도록 할게.

도시 양봉

사과, 배, 자두, 복숭아, 감귤, 키위, 아보카도, 멜론, ○○베리, 오이, 가지, 고추, 후추, 상추, 호박, 토마토, 당근, 양파, 브로콜리, 아몬드, 목화, 커피······.

이것들의 공통점은 뭘까? 먹는 거? 틀린 말은 아니지만 정답은 '꿀벌'이란다. 무슨 말이냐고? 여기에 등장하는 식물들은 모두 꽃가루를 통해 열매를 맺는단다. 꿀벌이야말로 꽃가루를 옮기는 '수분'의 주역이지. 특히 아몬드 같은 경우는 오직 벌만이 수분을 할 수 있다고 해. 그래서 어떤 이들은 꿀벌의 경제적 가치를 6조 원이라고 해. 하지만 실제로는 그 이상일 거야.

어쨌든 벌이 우리의 먹을거리에 끼치는 영향은 정말로 대단해. 예를 들어 아파트 베란다에서 키우는 채소는 수확량이 많지 않아. 왜 그럴까? 벌이 수분을 도와주지 않기 때문이야. 그런 이유로 농사와 벌은 함께 가야 한다는 얘기가 나오는 거야.

그래서 어떤 사람들은 도시에서 벌을 키운단다. 바로 사회적 기업인 '어반 비즈'에서 일하는 사람들이야. 이들은 한강 노들섬, 서대문구청, 서울대학교 캠퍼스, 서울시청 남산별관 등 서울 곳곳에 양봉장을 만들어 놓고 160만 마리 정도의 벌을 키우고 있어. 도시 곳곳을 날아다니는 벌들이라니, 무서워하는 친구들도 있겠지만 벌은 공격을 받지 않는 이상 절대로 먼저 쏘지 않아. 손사래를 치거나 공격적인 행동을 하는 통에 벌한테 쏘이게 되는 거래. 아무튼, 도시 양봉을 통해 꿀을 생산하고 있단다. '어반 비즈' 사람들은 단지 꿀을 생산하고 판매하는 게 목적은 아니라고 해. 벌이 잘살아야 사람도 잘살 수 있다고 생각해. 그래서 도시에서 벌을 살리는 일이 중요하다는 거야.

도시 양봉은 여러모로 좋은 아이디어야. 꿀벌은 태생적으로 따뜻하고 건조한 곳을 좋아한대. 그래서 고온 건조한 도시가 시골보다 꿀벌이 지내기에 훨씬 적합하다는구나. 그뿐만 아니라 도시 환경 자체가 꿀벌에게 유리해. 경쟁해야 할 상대도 적고 조경을 위해 심어진 꽃들이 사시사철 피어 있으니 먹을거리도 많지. 천적이나 농약도 없으니 생명에 위협을 받을 일도 적단다.

지금 도시 양봉은 도심보다는 외곽에서 이루어지고 있어. 사람들의 선입견 때문이야. 벌통 때문에 괜히 성가시고 불편해질 거라고 생각하는 거지. 실제로 벌통에서 얌전히 지내는 벌들이 일상생활에 지장을 줄 일이 전혀 없는데도 말이야. 시간이 지나면 이런 오해들도 점차 풀릴 거라 생각해. 어떤 사람들은 도심 환경에서 자란 벌들의 건강을 의심하기도 한단다. 아무래도 도시니까 공해나 중금속 등의 영향을 받을 수도 있다는 거지. 그래서 검사를 해 보았더니 결과는 '안전'이었다는구나.

빌딩 옥상에 푸른 정원이 들어서고 아름다운 꽃들 사이로 꿀벌들이 날아다니는 풍경은 그 자체로 도시 생태가 좋아졌다는 증거일 거야. 꿀벌이 잘살면 인간도 잘산다는 말을 다시 한번 생각해 보렴.

벌꿀 15그램

15그램. 이게 뭘까? 바로 꿀벌 한 마리가 평생 모으는 꿀의 양이야. 우리가 먹는 한 숟갈의 꿀, 과자나 빵에 바른 꿀 속에 얼마나 많은 벌들의 수고가 담겨 있는지 상상이 가지?

사회적 기업이란?

비영리 조직과 영리 기업의 중간 형태로, 사회적 목적을 추구하면서 영업 활동을 수행하는 기업을 말해.

빗물 저금통

빗물 저금통은 동전 모으듯 빗물을 모아 두는 통을 말해. 몇 년 전 빗물연구소 한무영 선생님을 통해서 빗물 저금통을 알게 됐어. 우리는 흔히 빗물은 흘려보내야 하는 걸로 생각하잖아. 안 그러면 도시가 물에 잠길 테니 말이야. 그러면서 한편으로는 비가 안 오면 안 온다고 걱정이란다. 뭔가 이상하지 않니? 오늘날 도시는 콘크리트와 아스팔트로 덮여 있어서 비가 스며들 땅이 거의 없단다. 우수관을 타고 바로 강으로 흘려가지. 그런데 집중 호우라도 내리면 미처 강으로 빠져나가지 못한 빗물이 역류하게 된단다. 2010년 광화문광장, 2013년 강남대로가 물에 잠겼던 이유야. 그런데 만약 빗물을 천천히 흘려보낼 수 있다면 어떨까? 한무영 선생님은 얼마든지 가능하다고 했어. 건물 옥상에 빗물을 받아서 저장해 두는 탱크 즉, 빗물 저금통을 만들면 된다는 거야. 여기에 옥상 텃밭까지 더하면 효과 만점이지. 그러면 비가 천천히 스며들 공간이 확보되고 방류되는 시간도 조절할 수 있으니까 수해로부터 안전할 수가 있다는 거야. 그럴듯하지 않니? 실제로 한무영 선생님이 재직하고 계시는 서울대학교 공학관 옥상에 갔더니 텃밭과 벌통, 그리고 빗물 저금통이 있었어. 생태적인 순환이 이루어지는 그곳에서 근처에 사는 주민들도 함께 텃밭을 일구고 있었단다.

빗물 저금통은 매우 경제적이기도 하단다. 우리가 홍수 피해를 줄이기 위해 엄청나게 많은 돈을 들이고 있잖아. 댐을 만들고 펌프장을 지으면서 말이야. 만약 집집마다 빗물 저금통이 있다면 이런 데 쓰일 돈을 아낄 수 있지 않을까. 작고 사소하지만, 좀 거창하게 생각하면 서로 돕고 살리는 홍익인간 정신의 실천이기도 한 거야. 나만 이롭고자 하면 해가 되지만 너를 이롭게 하다 보면 결국 나에게도 도움이 된다는 생각 말이야. 나 한 사람 편하자고 에어컨을 틀면서 지구 온난화를 심화시키는 방식이 아니라, 공동의 문제를 나부터 풀어 나가자는 생각, 빗물 저금통에 이런 고상하고 깊은 뜻이 담겨 있다고 생각해.

10여 가구가 사는 신안군의 작은 섬 기도에서 있었던 일이야. 여기는 물이 귀해서 걱정이 이만저만이 아니었대. 이 문제는 3750리터짜리 빗물 저금통 10개를 설치하면서 해결되었어. 빗물연구소는 이 프로젝트로 국제 글로벌 에너지 상을 받았단다. 세계 물 부족 문제를 해결할 모범적 사례라는 게 수상 이유였어.

비가 많이 내리는 우리나라는 이걸 잘 활용할 필요가 있어. 지금도 해마다 장마철이면 집중 호우로 강의 수위가 올라가고 여기저기서 침수 피해가 생기거든. 서울만 해도 2013년 7월 발생한 폭우로 한강 시민 공원과 잠수교가 침수됐는데 이유는 팔당댐에서 초당 1만 2000여 톤의 물을 방류했기 때문이야. 만약 이 물을 다른 식으로 이용할 수 있었다면 상황은 달라졌을 거야. 국토부의 발표에 의하면 우리나라는 앞으로 1년에 5~10억 톤의 물이 부족하게 될 거라고 해. 그런데 2013년에 팔당댐에서 방류한 물의 양이 얼마인 줄 아니? 하루에만 5억 톤이 넘었어. 수치만 놓고 보면 정부가 예측한 1년치 물 부족을 해결할 수 있는 양이야. 환경을 파괴하고 돈도 많이 드는 댐에만 의존할 게 아니라, 빗물 저금통처럼 적은 비용으로 큰 효과를 볼 수 있는 대안을 고려해야 할 때라고 생각해.

빗물을 저장해서 이용하는 건

홍수 방지와 가뭄 대비라는 두 가지 골칫거거리를

한 번에 해결할 수 있는 아주 좋은 방법이란다.

한 가지 덧붙이자면, 우리에겐 빗물에 대한 선입견이 있어. 지금 내리는 비는 산성비라서 건강에도 안 좋고 직접 맞으면 대머리가 된다는 얘기들이 사실처럼 공공연히 돌아다니고 있잖아. 하지만 아직까지 우리나라 빗물은 그렇게 심각하지 않단다. 우리가 즐겨 마시는 오렌지 주스는 pH3 정도야. 콜라는 pH2.9고. 반면에 우리나라의 빗물은 평균 pH5.9 정도지. 수치만 갖고는 산성도가 어느 정도인지 감이 안 올 테니 예를 들어 볼게. 순수한 물인 증류수는 pH7인데 이걸 자연 상태에서 두면 공기 중의 이산화탄소가 녹아들어서 pH5.9 정도가 된대. 우리나라 빗물이 그쯤 되는 거야. 이걸 두고 자꾸 산성비라고 하면 과장이라는 거지. 빗물을 저장해서 이용하는 건 홍수 방지와 가뭄 대비라는 두 가지 골칫거리를 한 번에 해결할 수 있는 아주 좋은 방법이란다.

빗물의 맛

2013년 3월 15일 국회에서 빗물 정책 세미나가 열렸어. 그때 빗물과 생수, 수돗물을 두고 블라인드 테스트가 진행되었어. 정체를 알 수 없는 상태에서 물맛을 본 국회의원들이 가장 맛있는 걸 고른 거야. 그 결과가 궁금하지? 놀랍게도 빗물의 완승이었어.

빗물: 96표(56퍼센트), 생수: 59표(35퍼센트), 수돗물: 14표(9퍼센트)

제2의 수확-푸드 뱅크

우리는 지금 먹을 것이 넘쳐나는 시대에 살고 있단다. 냉장고에는 음식이 가득하고 가까운 마트에는 각양각색의 음식들이 산더미처럼 쌓여 있고 식당마다 맛있는 메뉴로 가득하지. 그런데 여기서 의문이 들더구나. 그 많은 음식을 다 먹을 수는 있는 걸까? 먹고 남은 음식이야 쓰레기로 처리한다지만, 포장도 뜯지 않은 것들은 어디로 가지? 하고 말이야. 다른 상품과 달리 음식은 시간이 지나면 상하잖아.

이처럼 미처 팔지 못한 음식들을 어떻게 할 것인가 하는 문제를 고민하는 사람들이 있었어. 그들이 고안해 낸 것이 바로 푸드 뱅크란다. 은행에 돈을 맡기듯 음식을 맡긴다는 개념이야. 다만 은행처럼 이자를 받는 대신 배고픈 사람들의 고통을 해소해 준다는 점이 다르지. 구체적으로는 식품의 생산, 유통, 판매, 소비의 각 단계에서 남는 먹을거리들을 복지 시설이나 개인에게 무상으로 제공하는 걸 말해. 실제 은행보다 훨씬 낫지 않니?

푸드 뱅크는 1967년 미국에서 '제2의 수확'(second harvest)이라는 이름으로 시작되었어. 그러다가 캐나다, 프랑스, 독일 등 유럽으로 퍼져 나갔지. 우리나라는 국제통화기금(IMF)으로부터 구제 금융을 받던 1998년 1월 서울, 부산, 대구, 과천에서 시범적으로 실시된 후 많은 푸드 뱅크가 생겼어.

어딜 가나 먹을 게 넘쳐 나지만, 한쪽에선 여전히 아이들이 밥을 굶는 게 현실이야. 독거노인, 무료 급식소, 노숙자 쉼터, 사회 복지 시설 등 여전히 도움의 손길을 필요로 하는 곳은 많단다. 푸드 뱅크는 자원의 낭비를 막는 동시에 이들에게 온정의 손길을 내미는, 윤리적으로도 의미 있는 일이란다.

길모퉁이 냉장고-푸드 셰어링

푸드 뱅크와 비슷한 푸드 셰어링을 소개할게. 이 운동은 영화 제작자이자 저널리스트인 발렌틴 투른의 다큐멘터리 〈음식물 쓰레기의 불편한 진실〉(Taste the Waste, 2011년)이 계기가 되었단다.

다큐멘터리에는 신선한 토마토와 롤빵, 약간 시든 양상추 등으로 가득한 쓰레기통, 모양이 이상해서 진열대에 오르지 못하고 밭에서 썩어 가는 감자를 앞에 둔 농부의 안타까운 심정 등이 담겨 있어. 이를 본 많은 사람들이 버려지는 음식을 줄여야 한다는 데에 적극 공감했지. 그게 푸드 셰어링의 시작이야. 푸드 뱅크가 끼니를 해결하지 못하는 빈곤층을 대상으로 하는 거라면 푸드 셰어링은 보통 사람들과 음식을 나누는 개념이야. 내가 다 먹지 못한 음식을 길모퉁이에 있는 냉장고에 넣어 두는 거지. 그러면 필요한 사람이 가져가는 거야. 말 그대로 음식을 공유하는 거지. 지금은 전 세계로 확산되어서 독일만 해도 전국 100여 군데에 정규 회원만 5만 5000명에 이른다고 해. 이들이 1년간 아낀 음식물이 자그마치 1000톤이라는구나.

2014년 9월 12일 아침 8시. 독일 베를린 연방의회 옆길에서 이색적인 퍼포먼스가 있었단다. 자전거 뒤에 현수막과 음식이 잔뜩 실린 트레일러를 매단 사람들이 모여들었어. 그들은 음식을 바구니에 나눠 담았어. 그리고는 지나가는 시민과 연방의원들에게 과일, 채소, 빵 등을 나눠줬지. 채소나 과일은 대부분 상품 가치가 없는 못생긴 것들이었어. 현수막에는 이렇게 적혀 있었단다. "음식은 먹으라고 있는 거예요"

독일에서 매시간 400톤의 멀쩡한 음식이 버려지고 있는데 한 사람당 80킬로그램 이상을 먹지 않고 버리는 꼴이래. 푸드 셰어링 회원들은 이걸 절반으로 줄이려고 해. 이 퍼포먼스는 버려지는 음식에 대해 각성하는 계기를 만들고자 이루어진 것이야.

이런 운동들은 우리에게 윤리적인 음식 소비를 요구하고 있어. 어렵지도 않아. 먹을 만큼 먹고, 남은 음식을 나눠 먹자는 거니까. 먹을 것이 넘쳐나고 멀쩡한 음식도 '쓰레기'가 되어 버린 시대, 그리고 이를 위해 생태계를 파괴하고 있는 우리 자신을 돌아보아야 할 때가 아닐까.

함께
실천하기

숲을 지키는 엔지오

장 지오노가 쓴 『나무를 심은 사람』이란 책이 있어. 아직 읽지 않았더라도 한 번쯤은 이름을 들어보았음직한 유명한 책이야. 실화를 바탕으로 한 이 소설에는 엘제아르 부피에라는 사람이 등장해. 그는 사막을 기름진 땅으로 바꾸는 일을 했지. 밤새 가려낸 도토리를 버려진 땅에 심었단다. 사막에 나무를 심다니, 보통 사람이라면 시작도 하기 전에 포기했겠지. 하지만 엘제아르는 3년 동안 무려 10만 개를 심었어. 결국 사막이었던 땅은 참나무가 우거진 숲이 되었지.

이를 두고 사람들은 기적이라고 말하지만, 엘제아르가 들인 노력에 비하면 그 말도 부족할 거야. 눈앞의 이익 혹은 나를 위한 일을 좇지 않고, 언젠가 누구라도 와서 그곳에서 살 수 있는 땅을 만들고자 했던 사람. 결국 사막을 숲이 우거지고 시냇물이 흐르는 땅으로 만든 엘제아르

부피에, 참 멋진 사람이지? 세계에는 아직도 이런 사람들이 많단다. 지금부터 제2, 제3의 엘제아르 부피에를 소개할게.

19세기 후반부터 서구 열강은 아프리카를 식민지로 삼았어. 그리곤 노동력과 자원을 착취했지. 어느 정도였는지 아프리카 지도만 봐도 알 수 있단다. 세계 지도를 보면 아프리카 대륙에 있는 나라들만 유독 국경이 반듯한 직선이야. 다른 나라들은 꼬불꼬불하잖아. 지형이 다르고 사는 지역이 다르니 당연히 국경도 복잡할 수밖에 없지. 그런데도 아프리카만 예외인 이유는 서구 열강들이 자기들 마음대로 국경선을 만들었기 때문이야. 거기 살던 사람들의 의사는 무시하고 자기들 이권에 맞게 정한 거지.

당시 아프리카는 제국주의 국가들의 각축장이었어. 힘으로 지배하고 자기들끼리 내 땅 네 땅 하면서 싸웠던 거야. 이들은 아프리카의 울창한 숲을 밀어 버리고 대신 커피, 마리화나 같은 상업 작물을 심었어. 물론 돈을 벌기 위해서였지. 무분별한 벌목으로 숲은 훼손되었고 풍요롭던 아프리카의 강물은 말라붙었지. 그 피해는 고스란히 지역 주민에게 돌아갔단다.

케냐도 마찬가지였어. 땔감을 장만하고 마실 물을 길어 오기 위해 여자와 아이들은 발이 부르트도록 먼 길을 걸어야만 했어. 그나마 있는 물은 탁해졌고 오염되어 그 물을 마신 사람들은 병에 걸리기 일쑤였지. 그러던 어느 날 참혹한 현실을 더 이상 방관할 수 없었던 한 환경 운동가가 나무 심기 운동을 펼쳤어. 호응이 대단했지. 1977년부터 시작한 이 운동으로 3000만 그루가 넘는 나무가 심어졌단다. 그 결과 검은 대류 아프리카에 초록 물결이 넘실대는 초원이 생겼어. 이 사람의 이름은 왕가리 마타이야. 훼손된 아프리카의 밀림을 되살리고 가난한 여성들에게 일자리를 주자는 목적에서 운동을 시작했다고 해. 결과는 대성공이었고 그 공로로 2004년 노벨 평화상을 받았단다. 평생에 걸쳐 심은 나무가 약 4500만 그루라니 정말 대단하지.

인위쩐은 중국의 네이멍구 사막으로 시집온 여성이었어. 사막 지대인 그곳에서는 좀처럼 사람 구경을 할 수 없었다고 해. 아주 드물게 사람들이 지나가면 발자국이 사라지지 않도록 세숫대야를 엎어 놓았을 정도였대. 이따금 대야를 들춰 보면서 외로움을 달랬다는구나. 그러다가 인위쩐은 나무를 심기로 마음먹어. 외로움과 가난에서 벗어나고 싶었던 거야. 하지만 사막이 이를 쉽게 허락할 리 없었지. 심어 놓은 나무들이 모래바람에 일순간 사라져 버리기도 했지만, 포기하지 않았어. 대단한 집념이었지. 해충이 들면 한 마리 한 마리를 손으로 잡아내며 숲을 가꾸었어. 그리고 마침내 사막 한가운데 울창한 숲을 일구었단다. 숲이 생기자 물길이 생기고 생명이 모이기 시작했어. 사람도 모여들었지. 처음에 사람들은 이 사실을 믿으려 하지 않았대. 현장에 와 보고 나서야 감탄을 연발했지.

어때, 이렇듯 '나무를 심는 사람'들이 아직도 우리 주변에 있다는 게 정말 고맙고 행복하지 않니? 어쩌면 지금 이 순간에도 누군가는 희망을 버리지 않고 묵묵히 나무를 심고 있을지도 몰라. 이 책을 읽는 우리 중 누군가 그런 사람이 된다면 더욱 좋겠구나.

우리나라에는 숲을 지키고 기후 변화에 적극적으로 대응하려는 단체들이 많단다. 여기 대표적인 곳을 몇 군데 소개하려고 해.

푸른아시아

기후 변화로부터 안전한 아시아를 만들자는 취지로 1998년 설립된 국제 환경 엔지오야. 푸른아시아는 특히 몽골의 사막화 문제에 집중하고 있어. 2010년 몽골 정부의 조사 결과를 보면 지난 100년간 지구 평균 기온이 0.85도 올랐는데 몽골은 최근 60년간 무려 2.1도 올랐다는구나. 국토의 78퍼센트에서 사막화가 진행되어 887개의 강, 1166개의 호수, 2069개의 샘과 연못이 사라지고 식물종의 4분의 3이 멸종하고 있대. 푸른아시아는 지역 주민과 함께 생태계 복원을 위해 애쓰고 있어.

현장 활동가들은 지역 사회 발전을 돕기 위해 기술과 경험을 지역 주민들에게 알리고 있어. 그들이 환경 문제에 적극적으로 대응할 수 있도록 하는 게 목표지. 주민 스스로 지역의 환경과 특성에 맞게끔 지속 가능한 토지 경영을 하고 이를 통해 경제적 자립과 생태 보전을 함께 꾸려 갈 수 있도록 돕는 거야. 한때 유실수 단지로 유명했으나 급격한 사막화로 황폐해진 바양노르 지역의 경우, 수자원(호수) 복원, 친환경 에너지(태양광) 개발을 통해 숲을 살리는 한편 유실수 재배, 좋은 묘목 기르기, 영농 사업을 추진하고 있어.

우리나라 엔지오가 멀리 몽골까지 가서 이런 일을 하는 이유는 뭘까? 바로 황사 때문이야. 최악의 황사가 불어닥쳤던 2006년의 경우는 한반도 전역이 피해를 입었어. 바로 앞에 있는 건물조차 보이지 않을 정도였단다. 그런데 이 황사의 발원지가 바로 몽골이야. 국경을 넘어오는

푸른아시아는 현재 바가노르, 바양노르, 만달고비, 에르덴 등
사막화가 심한 몽골의 여러 지역에서 활발하게 활동하고 있어.
매년 1~2만 그루 이상의 나무를 심으며 숲을 가꾸고 있단다.

사진 _ 푸른아시아 제공

모래바람을 막으려면 몽골에서부터 대책을 마련해야 했던 거야.

푸른아시아는 현재 바가노르, 바양노르, 만달고비, 에르넨 등 사막화가 심한 몽골의 여러 지역에서 활발하게 활동하고 있어. 매년 1~2만 그루 이상의 나무를 심으며 숲을 가꾸고 있단다. 국제적으로 이러한 노력을 인정받아 2014년 6월에는 유엔 사막화 방지 협약(UNCCD)로부터 '생명의 토지(Land for life)'상 최우수상을, 2015년 2월에는 대한민국 녹색 기후 대상을 받았단다.

에코피스 아시아

아시아에서 평화와 생태계 회복 운동을 실현할 목적으로 창립된 엔지오야. 이들은 중국 길림성, 내몽고 자치주 지역의 급속한 사막화 방지를 위한 생태 복원 사업을 벌이고 있단다. 앞서 푸른아시아가 나무를 심는다면 에코피스 아시아는 주로 풀을 심지. 풀이 자라는 땅은 흙을 붙잡아 두기 때문에 생명력을 얻게 돼. 그러면 나무도 자랄 수 있고 사막을 숲으로 바꿀 토대가 되는 거야. 에코피스 아시아는 중국 남부 해안에서 중동의 홍해에 이르는 맹그로브숲의 복원 사업도 진행하고 있어. 이 밖에도 기후 변화에 대응하기 위한 풍력과 태양광 등 친환경 에너지 확대 및 보급 운동도 펼치고 있다는구나.

미래숲

황사의 발원지 중 한 군데인 쿠부치 사막은 모래 폭풍으로 유명해. 중국인들이 황룡이라고 부를 만큼 매섭지. 1년에 60일가량 모래바람이 부는데 2002년 4월에는 특히 심해서 사막 동쪽에 있는 어얼둬쓰 시의 다라터치를 덮치는 바람에 방목하던 양 2000여 마리가 죽고 수 킬로미터에 이르는 도로가 모래로 덮였다는구나.

이를 막기 위해 미래숲은 중국 정부와 함께 만리장성이 아닌 '녹색장성'을 쌓았어. 사막의 동진과 한국으로 불어오는 황사를 막고자 숲으로 성을 쌓은 거야. 2006년에서 2010년까지 길이 16킬로미터, 폭 0.6킬로미터의 방풍림을 만들었는데 이걸 녹색장성이라고 부른단다. 방풍림이란 글자 그대로 바람(風)을 막는(防) 숲(林)이야. 황사의 발원지인 쿠부치 사막은 편서풍의 영향으로 조금씩 동쪽으로 움직이고 있거든. 숲이 이걸 막아 주는 거야.

해마다 봄이면 찾아오는 불청객 황사는 건강뿐만 아니라 산업 전반에 막심한 피해를 가져오고 있어. 그 피해를 돈으로 환산하면 연간 20조 원에 달한다는구나. 쿠부치 사막은 우리나라와 가장 가까운 사막이야. 중국과 협력해서 이곳에서 발생하는 황사를 막고자 하는 거지.

다행히도 부근에 황하의 지류가 흐르고 지하수가 비교적 풍부해서 숲 관리가 다른 사막 지대에 비해 쉽다는구나. 현지 환경에 적합한 나무를 심고, 관리한 덕에 평균 80퍼센트의 나무가 생존할 수 있었다고 해.

푸른아시아와 에코피스 아시아 그리고 미래숲은 청년 봉사단도 운영하고 있어. 사막에서 직접 나무를 심고 싶은 친구들에게는 좋은 기회가 될 수 있을 거야. 지금 당장 나무를 심을 형편이 안 된다면 이런 엔지오를 후원하는 것도 간접적으로 나무를 심는 방법이 된단다.

새로운 시도-생태 공동체

청년 실업이 심각한 사회 문제가 된 지 오래야. 그만큼 취업의 문턱이 높아진 탓이겠지. 대학 도서관에는 고시 공부나 취업 준비로 여념이 없는 사람들이 가득하고 면접만 수십 번씩 본 취업 재수생들도 수두룩하단다. 모두가 어렵다고 아우성이지. 그런데 모두가 가고 싶은 '좋은 직장'이란 어떤 곳일까? 대기업이나 공사? 생각해 보면 결국 돈을 많이 벌고 오랫동안 편하게 일할 수 있는 직장을 말하는 것 아닐까?

우리의 삶은 늘 경쟁의 틈바구니에서 바쁘게 돌아가고 있어. 학교, 직장, 학원에 다니며 다람쥐 쳇바퀴 돌듯 생활하고 있다고 해도 과언이 아닐 정도로 말이야. 그러면서도 한편으론 전원생활을 꿈꾸는 게 우리들의 모습이야. 지금은 공부하고 학원 다니느라 힘들지만 자라서 언젠가는 돈을 많이 벌어서 시골에 집 짓고 살겠다는 '소박한 꿈'을 꾸면서 말이지.

지금 우리는 집에 들어오면 잠들기 바쁘고 옆집에 누가 사는지도 모르고, 우리 동네에 무슨 일이 생기는지도 무관심해. 그럴 힘조차 없이 지쳤는지도 모르지.

"바쁠수록 돌아가라"는 옛 속담처럼 발상을 전환해 보는 것은 어떨까? 경쟁으로 늘 피곤하게 사는 삶 대신 모두가 바라는 '좋은 직장'이 아닌 다른 직장, 혹은 다른 삶을 꿈꿔 보는 것, 많이 벌기보다는 조금 벌고 조금 쓰면서도 행복한 삶 말이야.

따지고 보면 우리가 지금 이렇게 살고 있는 것은 다름 아닌 '욕망' 때문이야. 남보다 더 많이 가지고 싶은 욕망, 남들보다 더 잘살고 싶은 욕망, 그래서 쉬지 않고 일을 해야 하지. 현재를 즐길 여유도 없이 말이야. 하지만 그 욕망은 결코 채워지지 않는단다. 외려 더 커질 뿐이지. 집집마다 있는 자동차, 가전제품 등은 언제부터 우리의 일상을 지배하게 된 걸까? 그런 것들이 없던 시절에는 어떻게 살았을까? 식구도 얼마 안 되는데 꼭 넓은 집에서 살아야 할까? 지금 내가 산 물건은 정말 내가 필요하고 정말 원하는 걸까, 아니면 남에게 우쭐대고 싶은 마음 때문에 산 걸까? 우리는 한 번쯤 이런 질문을 던져 보아야 한다고 생각해. 돈을 많이 벌어서 넓은 집, 좋은 음식, 큰 차를 사려는 마음을 접는 순간 세상은 달리 보이게 될 거야.

지금부터 한번 상상을 해 보자. 대기업에 들어가지 않아도 잘살 수 있는 방법. 우선 우리가 사는 마을에서 작은 일자리들을 만들어 내는 거야. 나만의 장점을 살려 강의를 하거나 재능 기부를 할 수도 있겠지. 돈을 많이 벌 수는 없겠지만 누군가 꼭 필요로 하는 일이 분명히 있을 거야. 이웃과 장터를 열어 쓰지 않은 물건을 교환하거나 텃밭에서 수확한 채소를 나누면 굳이 돈이 없어도 필요한 물건을 얻을 수 있겠지. 서로 번갈아 가며 몇 시간씩 아이들을 돌봐 줄 수도 있고. 이런 일을 한 다음 그 대가로 지역 화폐를 받는 거야. 지역 화폐란 일반적인 돈과 달리 그 지역에서만 통용되는 돈을 일컫는 말이야. 마을 상점이나 식당에서, 마을 병원에서 사용할 수 있는 지역 화폐는 그 돈이 다른 곳으로 새어 나갈 일이 없어. 예컨대 대형 마트가 지역의 돈을 쓸어 모아서 본사로 가져가는 일이 안 생긴다는 거지. 그렇기 때문에 지역 화폐를 사용하면 지역 경제를 활성화하는 효과를 볼 수 있어. 지역에서 생산된 물건을 지역에서 소비하니 상품을 운송할 때 발생하는 탄소 배출도 줄일 수 있고.

기술을 배워서 수공예품을 만들 수도 있을 거야. 직접 물건을 만들어 사용자에게 전달하니 노동의 소중함을 깨달을 수 있겠지. 만드는 사람을 만나서 거래하니 좀 더 인간적인 관계를 맺을 수 있고. 에너지도 마을에서 생산할 수 있어. 태양광이나 풍력을 이용하는 거야. 그러면 멀리서 전기를 끌어오려고 송전탑을 세울 일도 없겠지. 화석 연료를 사용할 필요도 없고.

마을에서 중요한 일을 결정할 때도 다 함께 머리를 맞대는 거야. 문제가 생기면 토론을 통해 해결 방안을 찾고 각자 역할을 맡아 실천해 나가는 거지. 그러면 '누군가 알아서 해 주겠지.' 하는 마음 대신 책임감을 키울 수 있지 않을까? 민주주의를 익히고 실천하는 기회가 되는 거지.

어때, 이런 상상? 그런데 지구 어딘가에서는 이런 일들이 실제로 벌어지고 있단다. 변화를 꿈꾸고 실천에 옮긴 사람들을 살펴보려고 해. 그럼 좀 더 희망을 가질 수 있을 거야.

미국 트윈옥스

1960년대 미국은 혼란기였어. 베트남 전쟁이 발발하고 케네디 대통령, 맬컴 엑스, 마틴 루서 킹 목사 등 미국인들이 존경하는 인물들이 차례로 암살당했지. 미국 사람들은 일련의 비극적인 사건을 겪으며 분노와 절망에 빠졌단다. 여기에 대중 사회와 소비 자본주의에 대한 반발이 청년층을 중심으로 빠르게 퍼져 나갔어. 샌프란시스코, 로스앤젤레스 등지에서 기존 사회의 통념, 제도, 가치관을 부정하고 인간성 회복,

자연으로의 회귀 등을 주장하는 분위기가 높아졌단다. 이러한 움직임을 주도한 일군의 사람들을 '히피'(hippie)라고 불렀어. 이들은 도덕이나 냉철한 이성보다 자연스러운 감성을 중시했지. 히피를 상징하던 게 뭐였는지 아니? 바로 꽃이야.

반전 평화 운동, 미국 시민권 운동과 더불어 히피 문화는 1960년대 미국을 대표하는 반문화 운동이었단다. 미국 내에서 이런 히피 문화와 반전 운동은 점차 힘을 얻기 시작했지. 물질 만능주의와 자본주의, 개인주의에 대한 반성과 대안 문명을 찾는 움직임이 활발해지면서 공동체 마을이 부쩍 늘어나기 시작했단다. 1970년대 들어 환경 보호주의자, 예술인, 명상가, 은둔주의자들이 공동체 생활에 합류했지. 이런 공동체 가운데 하나가 지금부터 소개할 트윈옥스(Twin Oaks)야.

현대 사회는 효율성을 기초로 이루어진 사회야. 우리의 일상도 거기에 맞게 짜여 있지. 월요일부터 금요일까지 학교나 직장에 가고 주말이면 쉬지. 너무 당연해서 의심할 여지 없는 이런 것들에 질문을 던져 보자.

일주일은 꼭 일주일이어야 할까? 이틀 정도 공부나 일을 하고 3일은 쉬면 안 될까? 그러면 학업 스트레스, 직업병 이런 건 없을 텐데. 실제로 아프리카 어느 곳은 7일이 아니라 5일을 주기로 일상을 꾸리는 곳도 있다고 해. 사실 어떻든 문제될 건 없는데도 우리는 누구나 똑같이 일주일을 단위로 살지. 역사적으로 문화적으로 많은 이유가 있겠지만 효율성도 그중 하나일 거야.

다 같이 기준을 정해야 더 많이 생산할 수가 있으니까. 우리 회사는 일하는데 협력 업체가 쉬면, 반대로 저 회사는 일하는데 나는 놀면, 뭔가 박자가 안 맞겠지? 그래서 일하는 날과 쉬는 날을 똑같이 정한 거야. '러시아워'라는 걸 한번 생각해 봐. 다들 똑같은 시간에 출근하고 퇴근하는 우리 시대의 모습을 잘 보여 주고 있잖아. 왜 그럴까? 출퇴근 시간이 회사마다 다르면 그럴 일은 없을 텐데 말이야. 이것 역시 효율성 때문일 거야.

미국의 버지니아에 있는 트윈옥스는 이런 효율성보다 개인적인 취향을 존중해 주는 공동체란다. 이들은 자기들만의 독특한 시간 개념을 가지고 있어. 주당 42시간 일을 하는데 일거리는 공장, 농사, 청소, 세탁, 조리, 정비, 행정 등 100여 가지로 시시콜콜하게 나뉘어 있지. 이곳 사람들은 한 가지 일만 하지 않아. 하루에 서너 가지 일을 돌아가면서 맡도록 시간표를 짠대. 작업 시간은 정해져 있지만, 언제부터 언제까지 할지는 각자가 정할 수 있어. 말하자면 낮에는 놀다가 한밤중에 해도 된다는 거야. 주말이 따로 정해져 있지 않아서 쉬고 싶을 때 쉬면 되고. 각자 하고 싶은 일과 시간 등을 적어서 내면 조정을 거쳐 작업 일정표가 나온단다. 거기에 따라 일을 하게 되는 거야. 정해진 42시간을 모두 일하면 기본적인 개인 신용(돈)이 확보되고, 더 하거나 덜 하면 그만큼 개인의 신용이 늘거나 줄게 돼. 이렇게 신용을 확보하게 되면 기본적인 의식주가 해결되고 하루 2달러의 용돈도 생긴단다. 늘어난 신용은 휴가로 쓰거나 공동체의 다른 재화로 바꾸어 쓸 수가 있지.

트윈옥스 사람들은 어떤 일을 하며 사는지 궁금하지 않니? 이들도 돈을 벌어야 하잖아. 크게 두 가지인데, 하나는 콩을 이용한 먹을거리를 만들어. 두부, 템페(tempeh, 콩을 발효해서 만든 식품의 일종), 채식 소시지 등을 지역 사회에 판매하지. 채식과 관련된 책을 보급하기도 하는데 반응이 좋다고 해. 다른 하나는 트윈옥스에서 가장 주요한 해먹(hammock) 사업이야. 왜 해먹을 만들게 되었는지는 이들의 독특한 문화를 이해해야 해. 미국의 산업 하면 획일화된 생산 라인이 떠오르잖아. 이 공동체 사람들은 체질적으로 이런 획일화를 싫어해. 좀 더 자유로운 분위기에서 협동하며 일하기를 원하지. 그래서 해먹을 만들기 시작했대. 두 사람이 마주 보면서 여유롭게 일할 수 있기 때문이지. 말없이 자기 일만 하는 게 아니라 웃으며 대화할 수 있는 거야.

트윈옥스의 생활 방식은 공동체라는 정체성을 그대로 따르고 있어. 옷은 물론 양말, 심지어 속옷까지 공동 소유래. 함께 사용하는 옷장에서 그날그날 마음에 드는 옷을 꺼내 입는다는구나. 재미있다고 생각하는 친구들도 있을 테고 질색하는 친구들도 있겠지. 또 하나 재밌는 것은 물건을 소유하는 과정이야. 예컨대 어떤 공예가가 있어서 다양한 모양의 나무 상자를 만들었다면, 그 사람은 이걸 공동체 사무실 입구에 전시해. 우편물을 찾거나 볼일을 보려면 사무실로 가야 하는데 그때마다 공예가의 작품을 보게 되지. 가격표가 좀 비싸게 붙어 있긴 하지만 꼭 그 돈을 내야만 그 물건을 소유할 수 있는 건 아니야. 대신 가격표 아래에 'ㅇㅇ PSCs'라고 적혀 있다면 방법이 있단다. PSCs는 개인 서비스 신용(personal service credits)으로 다른 사람을 위해 일한 시간을 환산한 거란다. 예컨대 '10PSCs'라고 적혀 있으면 10시간 동안 공예가를 도와 일하면 되는 거야. 옆에서 나무를 옮기고 자르고, 다듬고 기름칠을 하는 식으로 말이지. 돈 많은 사람은 손 하나 까닥하지 않고 고가의 물건을 살 수 있는 일반 사회와는 많이 다른 모습이지.

개인주의와 경쟁, 효율성을 중시하는 미국 사회에 이런 공동체가 있다는 사실이 대단하지 않니? 이들은 아주 작은 수고도 그 가치를 인정하고 있어. 아플 때 쉬는 것, 아픈 사람들을 돕는 시간, 공동체 가족들과 노는 시간도 신용으로 인정해 주지. 다른 사람의 희생을 담보로 나의 이익을 챙기는 일은 이곳에선 있을 수가 없어.

물론 갈등도 있단다. 그런데 이들이 우리 사회와 다른 점은 더 큰 갈등으로 키우지 않고 대화를 통해 풀어 나간다는 점이야. 특히 트윈옥스에서 폭력은 무조건 금지라고 해. 비폭력이 곧 평화의 출발이라는 것을 잘 알고 있기 때문이지. 이들이 지금껏 공동체를 유지하는 비결이야.

스코틀랜드 핀드혼 농장

스코틀랜드 북동쪽의 바람 거세고 메마른 모래 언덕, 이곳에 어느 날부터인가 식물과 꽃, 나무, 채소가 자라기 시작했어. 그곳의 토양은 매우 척박해서 거의 죽은 땅이나 다름없었거든. 쓰레기 더미와 자동차 수리소, 그리고 모래땅, 이게 전부였어. 핀드혼 농장(The Findhorn Garden)은 바로 이곳에서 시작한단다. 피터 캐디, 에일린 캐디, 도로시 매클린은 이곳에서 땅을 일구었어. 자연의 힘을 믿은 거지. 그러자 기적과도 같은 일이 일어났단다. 탐스러운 열매를 맺는 농장으로 탈바꿈하게 된 거야. 지금은 해마다 세계 각국에서 1만 명이 넘는 방문자들이 찾아와 인성과 영성 수련을 받는 명소가 되었단다.

핀드혼은 '에코빌리지 프로젝트'의 모델을 만든 곳이기도 해. 그 핵심은 자연과 인간 모두의 보다 나은 삶의 질을 위해 동반자 관계를 유지하며 살아가자는 거야. 그런데 여기서 자연도 삶의 질이 있나? 하는 의문이 들 거야. 자연은 원래 그냥 존재하는 것일 뿐이잖아. 하지만 오늘날의 자연 생태를 생각해 보면 고개가 끄덕여질 거야. 무분별한 개발, 쓰레기, 화석 연료로 인한 탄소 배출, 방사능, 화학 비료, 농약 등으로 만신창이가 되어 버렸잖니. 자연도 이제는 '보다 나은 삶'이 필요하다는 생각이 절로 들지 않니?

자연과 인간이 서로 협력하려면 자연의 이치에 따라 살아야 한다는 것이 핀드혼 사람들의 생각이었어. 자연과 협력을 할 때 가장 중요한 게 뭘까? 아마도 내 마음에 있는 욕심을 버리는 일일 거야. 지금까지 우리 인간이 자연을 일그러뜨리고 혹사시킨 바탕에는 내 마음대로 하려는 욕심이 있다는 거지. 핀드혼 사람들은 욕심을 버리고 자연의 질서를 따르며 사는 것을 원칙으로 삼아. 쉬운 일은 아닐 거야. 오랜 세월 익숙해진 삶에서 벗어나는 일이니까. 하지만 이들은 인간의 선함과 가능성을 믿었대. 그리고 그런 삶이 불가능하지 않다는 것을 직접 보여주었지.

오늘날 우리가 살아가는 방식은 자연의 이치에서 얼마나 멀리 떨어져 있을까? 그 어느 때보다 풍족하지만 외롭고 지친 사람들, 여전히 배고픈 사람들이 살아가는 지금의 삶을 행복하다고 할 수 있을까? 나날이 황폐해지는 지구에서 계속 인간이 살아갈 수 있을까? 어쩌면 이 모든 것이 좀 더 많이 가지고 좀 더 많이 소비하려는 욕심에서 비롯된 것은 아닐까? 생각해 보면 '자연'이야말로 우리 앞에 닥친 문제를 풀 유일

핀드혼 농장의 모습이야.
핀드혼은 '에코빌리지 프로젝트'의
모델을 만든 곳이기도 해.
그 핵심은 자연과 인간 모두의
보다 나은 삶의 질을 위해
동반자 관계를 유지하며 살아가자는 거야.

사진 _ 민정희 제공

한 방법 같기도 해. 핀드혼에서 그 답을 찾았으면 좋겠어.

호주 크리스털워터스

크리스털워터스(Crystal Waters)는 호주 퀸즐랜드의 브리즈번에서 100킬로미터쯤 떨어진 곳에 있어. 생태 마을의 어머니로도 불리는 이곳은 1985년에 설계되어 현재 18개국에서 온 200여 명의 사람이 사는 '다국적 공동체'란다. 크리스털워터스는 퍼머컬처의 개념으로 세워진 최초의 생태 마을이야. '퍼머컬쳐'(permaculture)란 영원하다는 뜻의 '퍼머넌트'(permanent)와 '문화'(culture)를 합친 개념으로 '지속 가능한 문화'를 뜻하는데 특히 농업을 중심에 두고 있단다. 여기에는 땅을 살리고 인간을 살리고 나아가 이웃을 살리자는 생명 운동의 뜻이 담겨 있어.

이곳 사람들은 상하수도 시설 없이 빗물과 근처 계곡물을 사용한단다. 집도 흙과 목재를 사용해 자연 친화적인 방식으로 짓고, 배설물은 거름으로 활용할 수 있도록 설계되어 있대. 자연과 인간의 공존이 가치인 만큼 화학 비료나 살충제 농약 등은 사용하지 않는다고 해. 그래서야 농사를 제대로 지을 수 있을까 궁금한 사람이 있다면 한번 방문해 보는 것도 좋아. 이곳은 방문자들을 위한 숙소도 있다고 해. 자연을 충분히 느껴야 크리스털워터스의 생각을 이해하게 될 테니까.

영국 에너지 전환 도시 토트네스

영국 남서부의 소도시 토트네스(Totnes)는 에너지 전환 도시로 유명해진 곳이야. 이곳은 앞서 소개한 공동체와 달리 도시에서 변화의 바람을 일으킨 곳이야. 엄청난 일이지만 시작은 소박했단다. 전기 요금, 수도 요금, 가스비를 아끼자는 취지에서 출발했지. 이웃이나 친구, 가족들이 모여 탄소 배출을 줄이고 에너지와 물, 음식 등을 절약하는 일을 시작했어. 이를 통해 생활비를 아끼는 건 물론 이웃과 함께하면서 공동체 의식이 생기고 지역을 변화시키는 놀라운 경험을 할 수 있었다고 해.

예컨대 이웃과 한 공간에 모여 함께 텔레비전을 보는 거야. 그러면 그만큼 전기를 아낄 수 있지 않겠니? 이런 걸 시민들이 직접 머리를 맞대고 의논하는 거지. 실제로 이웃과 쓰레기 문제를 상의하다가 지역의 한 업체에서 매일 100킬로그램에 달하는 농산물을 그냥 버린다는 사실을 알게 돼. 시민들은 업체를 찾아가 설득해서 자선 단체와 노숙자에게 그 농산물을 전달하기로 했단다. 누군가에게 도움을 주는 방법은 다양해. 세상을 변화시키는 일이 이처럼 작고 소박한 실천으로 가능하다는 것을 토트네스 시민들이 직접 보여 준 거야.

정책적인 대응도 한번 살펴볼게. 현재 이 도시는 1인당 연간 9배럴의 석유를 사용하고 있는데 2030년까지 1배럴 미만으로 줄일 계획을 하고 있대. 이를 위해 마을 주민들과 협력해서 재생 가능 에너지 사용 시스템을 만들고 있어. 지붕에 태양광 발전기를 설치하면 정부가 비용 일부를 지원하거나 전기 요금을 깎아 주는 식이지. 우리나라 서울시의 '원전 하나 줄이기' 정책과 비슷하지.

한편 식량도 자급하고 있어. 토트네스에서 식재료로 쓰이는 것들은 모두 20킬로미터 반경 내에서 생산되는 거래. 멀리서 사다 쓰면 운송하는 데 그만큼 에너지 소비가 많기 때문이야. 가까운 곳에서 재배한 식재료는 유통 기한을 늘리기 위해 첨가물을 넣을 필요도 없으니 건강에도 좋겠지? 그리고 먹고 남은 음식들은 농사에 다시 쓰일 수 있도록 퇴비화한대. 아이들은 봄이 오면 쟁기를 들고 밭에 나가 흙을 일군단다. 어떤 아이들은 수확한 곡식으로 직접 빵을 굽기도 하지.

하지만 이곳이 원래부터 친환경적인 도시였던 것은 아니야. 로마 시대부터 있었던 유서 깊은 도시인 토트네스는 산업 혁명 시기에 크게 발전했어. 하루도 기계 돌아가는 소리가 들리지 않은 적이 없었던 곳이라고 해. 그러던 어느 날 광우병이라는 충격이 영국을 강타하게 돼. 그때 사람들은 깨닫게 되지. 자연을 파괴한 결과가 인간에게 어떻게 되돌아오는지를 말이야. 이런 뉘우침에서부터 자연스레 생태적인 마을로 변화하려는 움직임이 일었던 거지. 그렇게 시민들이 솔선수범해서 지금의 생태 도시를 만든 거야. 지금도 토트네스에서는 뜻이 맞는 서너 명만 모여도 재밌게 아이디어를 내고 이를 실천할 수 있단다. 함께 만들어 나가는 생태 도시, 우리도 할 수 있지 않을까?

미국 이타카 에코빌리지

뉴욕주 북부에 위치한 이타카 에코빌리지(Ithaca Eco-village)는 자연과 문명이 조화를 이룬 도시야. 1998년 '세계 주거상'(world habitat awards) 최종 후보에 오를 정도로 모범적인 생태 마을로 꼽히고 있지. 이곳은 토지 이용과 유기 농법, 공동체 생활, 친환경 건축, 에너지 절약 등의 분야에서 대안을 제시하고 있단다. 도시와 떨어진 생태 마을과 달리 이타카 에코빌리지는 도시의 경계에 있어. 그곳에서 뜻있는 지역 사람들이 함께 생태 마을을 꾸려가고 있단다. 코넬 대학과 이타카 대학 등의 학생들과 교수진, 포도주 양조업자, 유기농 농장주, 자연 보호 운동가, 예술가 등 직업과 개성이 저마다 다르지만 이들은 서로 조화를 이루며 살고 있단다.

에코빌리지 사람들은 늘 이웃과 소통하면서 살아간단다. 문제를 함께 해결하는 일, 서로 돕고 사는 일에도 적극적이야. 예컨대 어른들은 일주일에 2~4시간 정도 자원봉사 활동을 한단다. 자신이 잘할 수 있는 일, 가령 관리팀, 야외 활동팀, 재정팀, 요리팀, 설거지팀, 공동 주택 청소팀 등에 지원해서 말이야. 은행이나 장을 보러 갈 때는 단체 메일을 보내서 함께 갈 사람을 찾아. 언제 누구 차로 어디에서 만나자는 식으로 말이야. 그러면 사람이 각자 움직일 때보다 교통비는 물론 에너지도 절약되겠지.

서로 의견을 모으는 일이 쉽지는 않을 거야. 갈등도 있고 인내심도 필요하겠지만, 이를 통해 함께하는 삶이 무언지 알아 갈 수 있다고 생각해. 특히 다양한 직업을 가진 사람들이 각자의 재능을 발휘할 수 있다는 건 굉장한 장점이야. 예컨대 이웃에 컴퓨터 공학자가 살고 있어. 이 사람이 전공을 살려 책을 내고 싶은데 마침 이 사실을 알게 된 작가가 무료로 작업을 도와주는 거야. 대신 공학자는 작가에게 어떤 컴퓨터를 사면 좋을지 조언을 해 줄 수 있지. 우리라면 돈을 들여서 할 일을 이들은 이렇게 서로의 재능을 주고받으며 해결하고 있는 거야. 이런 과정을 통해 이웃을 이해하고 유대감을 다질 수도 있고, 일거양득 아니겠니?

일본 야마기시 공동체

일본에 있는 야마기시(Yamagishi) 공동체에는 재미있는 일화가 있어. 이 공동체를 만든 야마기시라는 사람은 어릴 적에 자기가 던진 돌에 맞은 어른이 불같이 화를 내는 걸 보고 '사람들은 왜 화를 낼까?' 하는 의문을 가지게 됐대. 이런 질문이 결국 야마기시 공동체로 이어졌다는 거야.

젊은 시절 사회주의에 심취했던 야마기시는 분노나 대립보다는 호혜(互惠)에 바탕을 둔 유토피아를 꿈꾸었다고 해. 그러다 무소유, 공유, 일체를 핵심으로 하는 사상을 주창했지. 쉽게 말하면 행복한 삶의 핵심은 물질이 아니라 마음에 있다는 거야. 이 사상에 따르면 자연에는 본래 소유라는 개념이 없다고 해. 사람의 집착에서 생겨난 개념이라는 거야. 그러니 인간이 자연의 상태로 회복하려면 무소유가 되어야 한다는 거지.

오늘날 소유라는 것은 결국 소비 아닐까? 소비는 곧 생산과 연결되고, 이는 우리가 안고 있는 많은 문제의 바탕이라고 할 수 있어. 그런 의미에서 생태적인 삶은 소비를 멈추거나 최소한으로 줄여야 가능하다고 생각해. 가능하겠느냐고? 공유, 즉 함께 쓰면 가능해. 야마기시즘은 바로 이것을 대안으로 보는 거야.

야마기시즘이 주창하는 또 하나의 원리는 '일체'인데, 삼라만상 우주가 하나로 이어져 있고 본래 하나라는 말이야. 이런 사상들을 현실에서 실천하고자 하는 게 바로 야마기시 마을이고. 앞에서 보았던 서양의 공동체가 제도나 시스템에 중점을 두는 반면 동양은 정신적인 것에 더 의미를 둔다는 생각이 들지 않니? 무엇이 옳다, 그르다, 하기는 어려울 거 같아. 문화의 차이라고 보면 적절할 것 같구나. 자세히 살펴보면 상

통하는 부분도 있고 말이야. 어떤 사상이든 조화로운 생태 공동체를 꿈 꾸는다는 점에서는 다르지 않단다.

태국 아속 공동체

아속(Asoke)은 노동과 지속 가능한 삶을 통해 깨달음을 얻는 것을 목표로 하는 불교 공동체란다. 근면하고 단순하게 깨달음을 향해 나아 가는 수행 공동체로 방콕, 치앙마이 등 태국의 여러 곳에 있어. 이들은 허브 약초 농장, 버섯 농장 등의 경제 활동을 통해 자립을 위한 노력을 기울이고 있단다. 남는 돈은 지역 사회의 어려운 사람들을 위해 쓰거나 더 큰 프로젝트를 위해 저축한다는구나. 약초 재배는 이 공동체의 특징 인데, 자급의 조건으로 건강을 중요하게 꼽는다고 해.

평소 노동의 신성함이 강조되고 식사는 스님의 경우 하루 한 끼, 주 민들은 하루에 두 끼를 하는데 밥을 먹으려면 반드시 4시간 일을 해야 한다는 규정이 있대. 법문을 들은 뒤 여럿이 함께 식사를 하거나 각자 집에 가서 먹기도 하지. 설거지는 물을 아끼기 위해 물이 채워진 통을 이용한단다. 순서를 따라 초벌, 재벌 설거지 후, 헹구기를 두세 차례 한 다음 햇빛에 말리는 식이야. 생활 전반에 걸쳐 근면하고 단순한 삶을 실 천하고 있지.

지금까지 소개한 공동체들의 공통점은 뭘까? 무엇보다 욕심을 버 리고 단순 소박한 삶을 사는 것이 아닐까 싶어. 자연의 이치에 따라 사 는 삶이라고 말할 수 있겠지. 그들의 삶을 들여다보면 상대를 있는 그대로 인정하려는 노력이 있다는 걸 알 수 있어. 이걸 '협력'이라는 말로 바꾸어 봐도 좋을 것 같아. 사람들끼리의 협력이든 사람과 자연의 협력이든. 내 주장이나 욕심을 앞세우면 불가능하지. 자연스레 내 욕심을 내려놓게 되는 거야. 경쟁과 탐욕에서 벗어나 나와 내 이웃 그리고 자연을 생각하는 공동체, 이게 인류를 구원할 대안이 아닐까?

지난 세기 서구 산업 문명의 질주는 인간과 자연을 분리시키고 대립하도록 만들었단다. 그 결과 인간의 정신과 영혼은 황폐해졌어. 환경과 생태계는 물론 인간 공동체마저 파괴되었지. 지금까지 우리가 살펴본 공동체의 모습 안에는 이러한 비극을 극복하려는 노력이 담겨 있어. 물론 아직은 미완성이야. 이런 공동체가 얼마나 지속될 수 있을지, 앞으로 어떤 공동체가 생길지 관심을 두고 지켜보자꾸나.

세상을
바꾸는
좋은 생각

'좋은 에너지'

어릴 적부터 지하자원이 부족한 우리나라가 살길은 에너지 절약뿐이라는 소리를 귀에 못이 박히도록 들어 왔어. 그런데 우리는 이 말을 얼마나 실천하며 살고 있는 걸까? 도시는 휘황찬란한 불빛으로 밤에도 불야성을 이루며 낮보다 환하고 거리는 차들로 가득하지. 한여름에도 긴소매로 지내야 할 만큼 냉방이 잘 되는 건물이 하늘 높은 줄 모르고 솟아 있어. 갑자기 지하자원이 확 늘어나기라도 한 걸까? 그럴 리는 없을 거야. 앞서 말했듯이 우리나라는 대부분의 에너지원을 사서 쓰고 있단다. 그런데도 석유, 석탄, 원자력 등으로 만들어내는 전기를 그야말로 펑펑 쓰고 있는 거지. 이러다 어느 날 갑자기 석유가 바닥나면 어떤 일이 벌어질까? 핵은 또 얼마나 위험하니? 그래서 지금부터는 석유나 핵 말고 우리가 사용할 수 있는 '좋은 에너지'에 대해 말하려고 해. 그렇다면 어떤 에너지가 '좋은 에너지'일까? 우선 기준을 생각해 보자.

첫째, 생태를 파괴하지 않는 깨끗한 에너지

석유나 석탄 같은 화석 에너지는 생태계에 해를 입히는 에너지야. 핵은 탄소 배출량이 없으니 안전하다고 생각하는데 전혀 그렇지 않아. 오히려 위험성은 훨씬 크지. 핵연료로 쓰이는 우라늄 광산이 어떻게 인간과 자연을 병들게 하는지 잠깐 살펴볼게. 1960년 프랑스에서 독립한 니제르는 우라늄 자원이 풍부했어. 사람들이 "석유는 사우디아라비아, 우라늄은 니제르"라고 말할 정도였지. 1968년 프랑스 국영 업체 아레바는 니제르의 우라늄 광산 개발권을 획득한 후 지금까지 10만 톤의 우라늄을 유럽 각지에 공급했단다. 한 해 매출액이 190억 달러(약 21조 원)에 달할 정도였어. 그런데 독일의 시사 주간지 〈슈피겔〉이 보도한 채굴 현장은 참혹하기 이를 데 없었단다. 프랑스의 기업은 천문학적인 이익을 얻었지만 니제르에 남은 것은 사라진 숲, 방사능으로 오염된 물과 공기, 죽어가는 일꾼들뿐이었어. 2014년 11월 그린피스 활동가들이 광산이 있는 아코칸 지역의 모래에서 방사능 오염도를 측정한 결과, 일반 모래보다 100배나 높은 수치가 검출됐단다. 길거리에서는 500배 많은 방사능이 검출되었고. 또 다른 광산 지역인 아를리트에는 광산 폐기물 3500만 톤이 언덕을 이루고 있는데, 이 폐기물의 85퍼센트가 방사능을 함유하고 있었던 거야. 나라 전체가 방사능으로 폐허가 되어 버린 참혹한 현실, '나쁜 에너지'의 전형적인 사례가 아닐까.

둘째, 모든 사람들이 골고루 사용할 수 있는 평등한 에너지

화석 연료를 사용해서 만들어진 전기 에너지는 가진 돈만큼 쓸 수 있는 양이 결정되는 에너지야. 가난한 사람은 많이 쓸 수 없기 때문에 평등한 에너지라 할 수 없지.

셋째, 자원을 너무 많이 소모하지 않는 검소한 에너지

지금의 화력 발전이나 핵발전소는 짓는 데 많은 자원과 비용이 들어. 게다가 여기서 만드는 전기는 소비지와 멀리 떨어져 있어. 사람들이 사는 도시로 날라야 하지. 그런데 전기는 그 특성상 이동 과정에서 손실이 일어난단다. 전기는 만들어졌을 때 바로 사용하지 않으면 사라지는 에너지야. 또 변전소, 송전탑 같은 걸 지어야 해. 여기에 들어가는 자원과 비용도 만만치가 않을 뿐만 아니라 그런 시설들이 들어서는 지역 주민들은 건강상, 재산상 그리고 심리적으로 엄청난 피해를 본단다. 그러니 석유나 석탄, 핵을 이용하는 에너지는 결코 검소한 에너지가 아닐 뿐만 아니라 정의롭지도 못한 에너지야.

넷째, 특별한 기술이나 장비 의존도가 낮은 간단한 에너지

예컨대 핵발전소를 짓고 운영하려면 고도의 전문 기술과 복잡한 장비가 필요해. 그만큼 전문가가 아니면 관리가 어렵다는 얘기야. 그래서 곳곳에서 크고 작은 사고가 나는 게 현실이야. 그만큼 통제가 어렵다는 얘기지. 폐기물도 문제야. 방사능에 오염된 폐기물을 안전하게 관리하는 데도 엄청난 시설과 장비가 필요하단다.

햇빛은 누구에게나 비추고,
바람은 어디서든 불어오니
모두가 고르게 사용할 수 있는
평등한 에너지이지.

우리가 주로 사용하는 석유, 석탄, 핵 등으로 만든 에너지가 왜 '나쁜'지 이제 좀 이해가 되지? 너무 조건이 까다롭다고 생각할 수도 있었구나. 하지만 현실에서도 이런 기준을 충족시키는 에너지원은 많아.

우선 태양광, 풍력 등을 이용한 에너지를 들 수 있어. 첫 번째 조건인 생태계를 파괴하지 않는 깨끗하고 좋은 에너지야. 게다가 햇빛은 누구에게나 비추고, 바람은 어디서든 불어오니 모두가 고르게 사용할 수 있는 평등한 에너지이지. 세 번째와 네 번째 기준에도 맞는단다. 자원 소비나 기술 의존도가 다른 발전소에 비해 낮다고 할 수 있어.

국제 환경 단체 그린피스가 2013년 11월 27일 '땅, 빛, 바람, 물, 마음이 이끄는 에너지 혁명'이란 제하에 국제 포럼을 열고 보고서를 발표했어. 특히 이 보고서에서 "한국은 에너지 효율성 증대와 재생 가능 에너지 확대로 빠르면 2030년까지 탈핵이 가능하다"는 내용이 눈길을 끌었단다. 보고서에 따르면 우리나라가 독일보다 태양광 발전 조건이 훨씬 좋다고 해. 핵이 생산하는 에너지를 다른 에너지원으로 감당할 수 있다는 거야. 우리나라 국토 전체에 태양광 설비 설치가 가능하고, 5메가와트 이상의 대규모 태양광 단지 조성도 가능한 것으로 나타났어. 풍력이나 바이오 에너지도 유리하다는 내용도 있더구나. 삼면이 바다인 국토의 특성상 풍력 발전에 유리하고 특히 서해와 남해 상에서는 기가와트급의 전력을 생산하는 대규모 해상 풍력 단지를 조성할 수 있다고 해.

정작 우리 정부는 핵에 집착하고 있는데 국제 환경 단체에서 이런 내용을 발표했다는 사실이 조금은 부끄럽더구나. 이제 재생 가능 에너지는 세계적인 흐름이야. 독일, 스페인, 포르투갈, 벨기에 등은 이미 전체 전력 사용량의 30~40퍼센트 이상을 재생 가능 에너지원으로 충당하고 있어. 우리도 더 늦지 않게 '착한 에너지'를 만들어 쓰는 일에 동참해야 할 것 같아.

적정 기술

가정을 한번 해 볼게. 너는 부모님과 동생 세 명과 함께 살아. 네가 사는 마을에 여덟 가구가 있는데, 최근 큰 근심거리가 생겼어. 우물이 다 말라 버린 거야. 몇 년 전, 공장을 세운다고 마을 뒤에 있던 숲을 다 밀어 버리고 나서부터 샘이 마르기 시작하더니 급기야 마을에 물이 사라져 버린 거야. 상수도 시설도 없으니 따로 물을 구할 수가 없어. 하루 일해서 하루 먹고 살기에 빠듯한 사람들이라서 민원을 넣을 생각은 아예 못 하고 있고 말이지.

물을 구하려면 20킬로미터가 넘는 거리를 가야만 해. 처음에는 부모님이 번갈아 물을 길어 오셨는데 아버지가 무거운 물을 지고 오시다가 허리를 다쳤어. 지금은 물을 긷는 건 고사하고 아무런 일도 못 하고 방에 누워 계신단다. 이제 모든 일은 어머니께서 도맡아 하시게 되었고. 그래서 너와 네 동생들이 물을 길러 가야 하는데 아이들이 다녀오기에는 너무 멀어. 그렇다고 여섯 식구가 물 없이 살 수도 없고. 자, 이런 상황이라면 어떻게 해야 할까? 오늘날 에티오피아, 케냐, 나미비아, 탄자니아, 르완다 등지에서 실제로 벌어지고 있는 일이야.

여러 가지 방법이 있겠지만 여기서는 '적정 기술'을 통해 해결한 사례를 이야기해 볼게.

'Q드럼'은 물을 구하기 위해 먼 길을 오가야 하는 사람들을 위해 고안된 물동이야. 평소대로 물동이에 물을 이고 지고 다녔다가는 금방 지치겠지. 한 번에 운반할 수 있는 양도 적고 말이야. 그런데 Q드럼은 원기둥 모양으로 생겼고 가운데 구멍이 나 있어서 그곳을 끈으로 꿰어 끌고 다닐 수 있단다. 물을 담은 통이 스르르 굴러가니까 힘이 덜 들겠지? 이렇게 해서 어린 소년도 80리터나 되는 물을 손쉽게 담아 올 수가 있대. 머리에 이거나 지게로 져서 나를 때보다 서너 배나 효율적이라고 하는구나.

바로 이런 것이 적정 기술이란다. 고도의 기술이나 많은 비용을 들이지 않고 누구나 쉽게 만들어 쓸 수 있는 기술 말이야. 이를 통해 삶의 질을 향상시킬 수 있다는 것도 적정 기술의 핵심적인 개념이지. Q드럼을 보니 꽤 좋은 기술이라는 생각이 들지 않니? 마음도 따뜻해지고. 적정 기술이 인간 중심의 기술이기 때문이야. 지금까지는 기술과 인간이 동떨어져 있었잖아. 외려 인간을 소외시키는 데 앞장서 왔지. 새로운 기계가 도입되면서 사람들이 일자리를 잃는다거나, 고도의 기술로 만들어진 핵발전소가 지구를 위험에 빠뜨리거나 했듯이 말이야. 적정 기술은 그런 것에 대한 반성에서 시작되었어. 좀 더 인간적인 기술, 인간과 생태계를 위한 기술 말이야.

이해를 돕기 위해 스마트폰을 예로 들어 볼게. 알다시피 스마트폰은 편리하고 뛰어난 기능이 많아. 최첨단 기술이 녹아 있기 때문이지. 그래서 가격도 엄청나게 비싸. 판매점에서는 '공짜'라고 하지만 할부가 아니라 일시불로 구입하려면 100만 원이 훌쩍 넘는다는 건 잘 알고 있지? 이에 반해 Q드럼은 일단 제작 비용부터가 저렴해. 그래야 꼭 필요한 사람들이 쓸 수 있겠지. 돈이 없어도 말이야. 사실 예전에는 이런 적정 기술이 많았어. 다들 자기가 필요한 물건을 직접 만들어 썼으니까.

적정 기술의 개념을 체계화한 사람은 『작은 것이 아름답다』(1973년)의 지은이로 유명한 영국의 경제학자 슈마허야. 처음에는 '중간 기술'(intermediate technology)이라는 말을 썼어. 거대 기술에 반대되는 개념으로 제안했지. 거대 기술이란 거대 경제 시스템에서 필요한 기술을 말해. 큰 규모의 경제를 움직이려면 고도의 기술과 많은 자본이 필요하지. 이걸 통해 이익도 남겨야 하고. 그러다 보니 효율성이 떨어지는 사람을 기계가 대체하는 일이 생겼단다. 최첨단 기계에 떠밀려 대량 해고 사태가 벌어진 거야. 중간 기술은 사람이 소외되지 않는 기술이야. 기계보다는 사람 손이 많이 가는 방법을 고수하지.

슈마허는 간디에게서 영감을 얻었다고 해. 간디의 조국인 인도는 한때 영국의 식민지였잖아. 산업 혁명의 선봉에 섰던 영국은 방직 기술이 발달해서 대량 생산된 직물을 인도에 팔고 있었어. 인도는 그때까지 사람이 직접 천을 짰단다. 기계와 사람 손, 경쟁이 안 되겠지? 당연히 인도의 섬유 산업은 위기에 처하게 돼. 그러자 간디가 물레로 옷감을 지어 입자는 운동을 제안해. 덕분에 많은 사람들이 일자리를 지킬 수 있었단다. 벌써 앙상하게 마른 간디가 물레를 돌리고 있는 장면이 떠오르지 않니? 물레와 간디, 바로 이것이 슈마허에게 큰 깨달음을 줬던 것 같아.

이후 슈마허는 가난한 나라를 두루 돌아보면서 이들이 불행하기는 커녕 만족스러운 삶을 사는 걸 보고, 거대 기술이 인간에게 행복을 주는 것은 아니라고 생각하기에 이르렀어. 그러면서 개개인의 삶에 구체적으로 도움을 줄 중간 기술을 생각했고, 나중에 이것이 '적정 기술'이라는 말로 바뀐단다.

슈마허의 이러한 생각은 1970년대 미국을 중심으로 큰 반향을 불러일으켰어. 당시는 석유 파동과 베트남 전쟁으로 미국 경제가 휘청거렸던 때였거든. 인간성 회복과 자연으로의 회귀를 주창하는 목소리가 커지는 분위기에서 그가 말한 '적정 기술'도 인기를 얻게 되었지. 그러다 1980년대가 되자 관심이 시들해진단다. 석유 가격이 떨어지면서 미국의 경제 성장이 속도를 내기 시작했거든. 거기에 소련과 미국의 대결 구도는 적정 기술보다 힘을 과시하려는 거대 기술을 우선시하는 분위기로 이끌었단다. 슈마허가 제기했던 거대 경제 구조의 문제점은 사람들의 관심 밖으로 밀려나게 된 거지.

적정 기술이 다시 관심을 받기 시작한 것은 유엔이 새천년 개발 목표(MDGs)를 제시하면서야. 여기에서 절대 빈곤과 기아 퇴치를 주요 목표로 삼았는데 적정 기술이 큰 도움이 될 거라 여겼어. 가령 오염된 물 때문에 수인성 질병에 시달리는 나라에 적정 기술로 만든 휴대용 정수기를 보급하는 것이 대안으로 떠올랐단다. 자원의 낭비 없이, 가난한 나라들이 직면한 문제를 해결할 좋은 수단이 된 거야.

미래를 위한
지속 가능한 발전

'청소년'이란 말 속에는 푸르다는 뜻이 담겨 있지. 푸르다는 건 미래에 대한 꿈, 희망을 품고 있다는 의미일 거야. 나 역시 너희 앞에 펼쳐질 미래가 희망으로 가득했으면 하는 바람이야. 하지만 희망은 누가 가져다주는 게 아니란다. 내가 적극적으로 만들어 나가는 것이지. 그런 의미에서 너희는 너희들의 미래뿐 아니라 지구의 미래에도 관심을 가졌으면 해. 지구의 앞날이 밝아야 너희 미래 또한 밝을 수 있으니까.

어른들은 사실 먼 미래에 관심이 없거든. 진심으로 걱정하는 사람들은 소수야. 수십 년 전에 이미 지구의 환경이 위험하다는 걸 인정했지만 지금도 대책이 없고 제자리인 것만 봐도 잘 알 수 있어. 그렇다고 실망할 필요는 없단다. 어른들 모두가 그런 것은 아니니까. '나무를 심는 사람'처럼 지금 당장 나에게 이득이 되지 않아도 먼 미래를 위해 노력하는 어른들도 소수이긴 하지만 있어.

문제는 진심이라고 생각해. 내가 진심을 다해 지구를 아끼고 미래에 살아갈 이들을 걱정한다면 청소년이든 어른이든 훌륭한 일을 해낼 수 있다는 거야. 물론 환경을 지키려면 내가 조금 불편해야 하고 내가 조금 덜 가져야 해. 말처럼 쉬운 일이 아닐 수도 있어. 그렇지만 함께하는 사람들이 많다면 조금은 더 잘해낼 수 있지 않을까.

지속 가능한 삶은 미래 세대를 위해 우리가 실천해야 할 핵심 과제라고 생각해. 이걸 가능하게 하려면 자원 낭비, 대량 소비를 줄여야 하지. 새로운 에너지원을 찾아야 하고 우리의 생활 양식을 바꿔야 해. 해야 할 것들은 이 밖에도 많지만 결국엔 '욕심'의 문제와 만나게 된단다. '소욕지족'의 삶, 조금만 있어도 충분히 만족하고 행복해할 수 있는 삶을 살 수 있어야 해.

어려운 일이지. 편리하고 풍족한 삶에 익숙해져 있고 또 여기저기서 욕심을 부추기니 말이야. 옛날이야기를 조금 하자면, 내가 초등학교 4학년 때 우리 집에 처음으로 텔레비전이란 게 생겼단다. 그것도 검은색과 흰색만 보이는 흑백텔레비전 말이야. 컴퓨터는 대학교 때 처음 알게 되었고. 스마트폰은 말할 것도 없이 최근의 일이지.

너희는 어떠니? 너무 옛날이야기라고? 스마트폰 없이 어떻게 살지, 하고 생각하는 친구들이 많겠지만, 있는 게 당연하다고 생각하는 많은 것들이 원래부터 있었던 건 아니라는 점을 얘기하고 싶어. 반대로 말하면, 없어도 살 수 있다는 거지. 너희 부모님, 혹은 부모님의 부모님도 지금껏 잘 지내 왔잖아. 지금보다 풍족하지 않았다고 해서 그 시절이 불행하다고 말할 수 있을까?

지금의 풍족한 삶을 유지하는 데는 엄청난 에너지가 들어. 그 에너지는 바로 석유, 석탄, 원자력처럼 지구의 생태를 위협하는 자원들에서 나오지. 만약 우리가 조금 덜 쓰고 아껴 쓴다면, 햇빛, 바람과 같은 친환경적인 대안 에너지를 사용한다면 세상은 지금보다 훨씬 좋아질 거야. 그러려면 물건 하나를 사는 일에도 신중해야 해. 그 무엇이든 자원, 즉 에너지를 소비하는 일이니까. 서로 나눠 쓰는 것도 좋은 방법이야. 서로 이마를 맞대면 에너지를 아낄 좋은 아이디어가 떠오를 수 있어. 방법은 정말 많아.

지금까지 우리는 많은 이야기들을 나눴어. 하나뿐인 우리 지구가 얼마나 아파하는지, 그 이유는 무엇인지, 우리의 삶은 어떠해야 하는지, 반성하고 대안을 모색하는 긴 여행이었지. 너희와 함께할 수 있어서 정말 행복했단다. 지구는 너희가 마음껏 누리며 활약해야 할 곳이야. 환경과 생태에 누구보다 관심을 기울여야 하는 이유지. 하고 싶은 말은 많았지만, 이 책에 모든 것을 다 담을 수는 없었단다. 부족한 부분은 너희가 생활 속에서 채워 나갔으면 좋겠어. 그렇게 한명 한명이 환경 생태 활동가가 되어 서로를 변화시킬 수 있다면 좋겠구나. 너희야말로 지구와 미래의 희망이니까.

사람이 길을 만들고 길은 또 사람을 만든다는 말이 있단다. 처음부터 길은 있지 않았지. 자꾸 다니다 보면 어느새 길이 생기더구나. 길이 생기면 사람들이 몰려들고, 그러면서 마을이 생기지. 이 책이 너희 마음에 길을 만들 수 있다면 더 바랄 게 없을 것 같아. 그리고 그 길에 친구를 만나고 그들과 함께 더 탄탄한 길을 만들 수 있기를 바란단다.

환경
생태

역사

국내외 주요 환경 운동의 역사

역사는 오늘을 사는 사람들에게 나침반의 역할을 한다고 하지. 과거를 알아야 미래를 꾸려 갈 수 있으니 당연한 얘기겠지. 그런 의미에서 마지막으로 환경 운동의 역사를 살펴보려고 해. 역사 하면 암기 과목으로 생각하는 친구들이 많겠지만, 굳이 외우려고 하지 않아도 돼. 그럼 시작해 볼까.

환경과 관련한 최초의 국제회의는 언제였을까? 보통 1992년 리우 회의로 알고 있지만 아니란다. 그보다 20년 전인 1972년에 '하나뿐인 지구'를 보호하기 위한 유엔 인간 환경 회의가 스웨덴의 스톡홀름에서 열렸어. 인류가 환경 문제를 논의한 역사상 최초의 회의였어. 그렇다면 왜 이런 회의가 열리게 되었을까? 답은 간단해. 그만큼 지구의 환경 오염이 심각한 지경에 이르렀기 때문이야. 스톡홀름 회의는 전 세계적으로 환경 문제에 인식을 새롭게 하는 계기가 됐단다. 1972년이면 경제 개발 5개년 계획이니 새마을 운동이니 해서 우리나라에 한창 개발 바람이 불던 때야.

20년 후 브라질 리우에서 다시 회의가 열렸을 때 상황은 얼마나 나아졌을까? 안타깝게도 대답은 훨씬 나빠졌다는 거야. 지금도 마찬가지야 40년 전에 이미 문제를 알고 있었음에도 그때보다 나아진 게 별로 안

보이거든. 지구 온난화로 기후 변화는 극심해졌고 그 원인인 대량 생산 대량 소비는 오히려 증가하고 있어. 물론 노력이 없었던 것은 아니야. 열악한 조건에서도 환경 운동은 계속 발전해 왔단다.

우리나라의 환경 운동도 예외는 아니야. 급속히 산업화가 진행되고 그 폐해가 드러나면서 문제를 인식하기 시작했지. 크게 세 단계로 나누어 얘기할게.

먼저 1960~70년대. 이때는 군사독재 정권이 강력한 경제 개발 계획을 진행하던 때야. 권위적이고 억압적이던 시절이라 정부의 정책에 반대하는 사람들은 잡혀가거나 고문을 당하기까지 했지. 환경 오염을 거론하는 것조차 반체제 활동으로 낙인찍혔으니 얼마나 암울한 시대였는지 짐작할 수 있겠지? 그래서 이때는 학문적인 조사도 제대로 공개되지 않았어. 하지만 그와는 별개로 오염은 계속 진행되고 있었지. 경제 개발과 환경 오염은 떼려야 뗄 수 없는 관계거든.

예컨대 울산의 온산공단 주민이 공해병에 시달렸어. 피해 주민들을 중심으로 항의가 잇따랐지. 환경 문제에 대해 지역에서도 조금씩 인식하기 시작했단다. 하지만 비조직적이고 일회적으로 일어나는 경우가 대부분으로 지역 안에 머물러 있었어. 아직 '환경 운동'이라는 개념이 없었던 시절이야.

1980년대 들어서면서 환경 운동은 그 무렵 한창이던 민주화 운동과 이념적 맥락을 같이 하게 되었어. 민주화 운동이라는 것이 인간의 권리와 평등을 얘기하는 사회 운동이다 보니 자연스레 시민의 삶과 직접적인 관계에 있는 환경 운동으로 이어진 거지. 지금은 민주화 운동이 교과서에도 나올 만큼 정당한 평가를 받고 있지만 당시에는 '빨갱이'나 '좌익 세력'이라는 공격을 받아야 했단다. 그래서 환경 운동도 쉽지가 않았어. 다행히 1987년 6월 민주 항쟁으로 대통령 직선제가 이루어지고 사회의 각 분야가 민주화되면서 상황이 나아졌지. 전문적인 환경 운동 조직이 생기고 지역 주민 운동과 함께하기 시작한단다.

그러다 1992년 리우 회의를 계기로 우리나라의 환경 운동도 대중적인 관심을 받게 돼. 여기에는 환경운동연합이나 녹색연합과 같은 전국 단체의 역할이 컸단다. 전국 각지에서 주민들과 지역의 환경 문제를 해결하고자 힘을 모았지. 1990년대 초반에는 진폐증, 이타이이타이병, 미나마타병 등의 실태를 알리며 반공해 운동을 했고 2000년 초반에는 대규모 간척 사업인 새만금 반대 운동을 펼쳤단다. 최근에는 제주 강정 해군 기지라든가 밀양 송전탑, 설악산 케이블카 문제, 그리고 4대강 문제에 이르기까지 다양한 이슈에 대응하고 있어.

어떤 사람들은 환경 운동을 님비 현상처럼 이기적이라고 생각하는데 그건 잘못된 편견이야. 예를 들어 설명해 볼게.

지금 월드컵 경기장이 있는 서울시 마포구 상암동은 예전에 쓰레기 매립지였단다. 서울의 인구가 날로 증가하면서 쓰레기도 함께 늘어났어. 이걸 감당하기 위해 난지도를 쓰레기 매립지로 만든 거야. 하지만 1980년대 후반에 매립지는 포화 상태에 이른 데다, 지역 주민들은 악취와 먼지로 피해를 호소했지. 결국 1993년 난지도 쓰레기 매립지는 폐쇄되었단다. 문제는 그다음이야. 서울시가 그 터에 거대 골프장을 세우겠다고 발표를 했어. 이에 환경 단체와 시민들이 공동 대책 기구를 만들어

골프장 건설을 중단하고 대신 시민의 공간을 조성하라고 압력을 가했지. 길고 긴 싸움 끝에 2008년 서울시는 골프장 계획을 철회하고 대신 공원을 만들겠다고 약속했단다. 지금의 상암동 노을공원이 바로 그곳이야. 지금 그곳은 주말이면 시민들이 자연을 만끽하는 공간이 되었어. 도시에 사는 사람들에게 공원은 얼마나 소중한 공간이니? 만약 그때 환경 단체에서 싸우지 않았다면 철조망 너머 몇몇 부유층이 골프를 치는 모습을 보고 있어야 했을 거야. 어때 골프장과 공원, 어느 쪽이 더 이기적인지는 말 안 해도 잘 알 수 있겠지?

환경 운동은 나와 먼 이야기가 결코 아니야. 내가 참여하면 우리가 사는 이곳이 훨씬 더 자연 친화적인 공간이 될 수 있다는 사실을 잊지 않았으면 해. 어떻게 하면 참여할 수 있느냐고? 어렵지 않아. 인터넷 창만 열면 무수히 많은 환경 운동 단체를 만날 수 있어. 회비를 통해 지원하는 것은 물론 직접 참여해서 조사, 연구 활동을 할 수도 있단다. 주요 사안에 대해 거리 캠페인을 하거나 서명을 받을 때 적극 참여하는 것도 한 방법일 수 있어.

잠깐 외국 이야기를 하자면, 유럽은 시민의 환경 운동 참여가 매우 잘 되어 있다고 해. 유럽에서 중산층을 가르는 기준은 몇 개의 엔지오에 가입했느냐, 사회의 부정의에 맞설 용기가 있느냐, 자기만의 요리가 있느냐, 연주할 수 있는 악기가 있느냐, 뭐 이런 거래. 우리처럼 아파트 평수와 재산이 아니라 교양과 문화 수준 이런 걸로 따진다는 거야. 환경 운동 참여 여부도 그중 하나라니, 나만 가입할 게 아니라 부모님께도 권할 만하지 않니?

님비(NIMBY) _ "Not in my back yard: 내 뒷마당에서는 안 된다"라는 뜻으로 지역 이기주의를 의미해.

바나나(BANANA) _ "Build absolutely nothing anywhere near anybody: 어디에든 아무것도 짓지 마라"라는 뜻으로 유해 시설 설치 자체를 반대하는 것을 말해. '님비'는 본인의 거주 지역이 아닌 곳에는 설치해도 된다는 뜻이지만 '바나나'는 어느 곳에도 설치하지 말라는 뜻이야. 핵발전소나 송전탑의 경우가 여기에 해당이 될 테지.

핌피(PIMFY) _ "Please in my front yard: 제발 우리 앞마당에"라는 뜻으로 수익성 있는 사업을 자신의 지방에 유치하겠다는 것으로 이 현상 역시 지역 이기주의를 의미해.

환경·생태 연표

환경·생태와 관련하여 중요한 사건들을 꼽아 보았어. 이 안에는 그동안 인류가 경험하지 못한 생태계 파괴도 있었고 지구를 지키기 위한 획기적인 노력도 있어. 물론 이 밖에도 수많은 일들이 있었지만 여기에 모두 실을 수 없었다는 것을 미리 밝혀 둘게. 환경 단체 홈페이지나 관련 책을 통하면 더 많은 사건을 찾아볼 수 있을 거야. 우선 아래의 일들은 꼭 알아 두었으면 해.

시에라클럽 창설 1892. 3.

우리보다 먼저 산업화를 진행했던 소위 선진국들은 지금 환경에 무척 예민해. 그동안 눈에 띄게 자연이 파괴되어 가는 것을 보고 "어이쿠야!" 했던 거야. 그렇다면 세계의 환경 운동은 언제부터 시작되었을까? 산업 혁명으로 매연과 폐기물이 발생하면서 뜻있는 사람들은 일찍이 환경 문제를 지적해 왔을 거야. 그렇지만 다수가 공감하기까지는 시간이 걸렸단다. 시에라클럽이 바로 그 계기였어.

1850년을 전후해서 캘리포니아를 시작으로 콜로라도, 몬태나, 사우스다코타 등에서 대량의 금이 발견되자 사람들이 물밀듯이 서부로 몰려갔어. 금을 향해 몰려들었다고 해서 '골드러시'라고 해. 이것이 계기가 되어 미국 서부 개척의 역사가 열리게 되지. 골드러시 이전 캘리포니아의 인구는 1만 5000명 정도였는데 불과 3, 4년 만에 20만 명 이상으로 늘어났다니 얼마나 많은 사람들이 금광을 찾아 이동했는지 짐작이 가지?

이렇게 많은 사람들이 금을 캐기 위해 몰려들면서 어떤 일이 벌어졌을까? 무엇보다도 자연이 망가졌어. 산을 파헤쳐 그 안에 묻힌 금을 꺼냈으니까. 실제로 미국 서부의 산림 지대는 엄청나게 훼손됐단다. 그러자 이를 회복시켜야 한다는 목소리가 커지게 되지. 바로 시에라클럽이 만들어진 계기야. 이들은 망가진 산림 복원에 큰 역할을 해. 시에라클럽은 미국의 국립공원과 자연 보존 지역 지정 및 보호 운동을 활발히 벌여 왔어. 오늘날 국립공원의 아버지라 불리는 존 뮤어가 바로 초대 회장이야.

19세기 후반에 산림 보전 등을 중심으로 활발하던 환경 운동은 20세기 들면서 세계 대전과 세계 경기 불황 때문에 뒷전으로 밀린단다. 그러다가 20세기 후반 다시 환경에 관심을 모으게 되지. 산업의 발달로 환경오염이 심해진 거야. 시에라클럽도 이에 발맞춰 변화를 모색했단다.

1960년에는 시에라클럽 재단이 설립되고, 1961년에는 알래스카 핵폭발 실험을 반대하는 데 나서는 등 생태계 보존에 노력했어. 1964년에는 시에라클럽 재단의 노력으로 미국 의회에서 세계 최초로 야생 보호법이 통과되었지. 이 밖에도 스모그와 매연이 가득한 환경에서 건강을 보호하기 위해 '우리 아이들을 위한 깨끗한 공기 만들기' 캠페인을 펼치는 등 활발한 환경 운동을 펼치고 있어.

히로시마·나가사키 원폭 투하 1945. 8.

인류 역사상 처음으로 원자폭탄이 투하돼 시 전체가 초토화되고 20만여 명의 희생자가 발생했어. 그 후유증은 원폭 2, 3세대로 이어지며 고통은 현재 진행 중이란다.

런던 스모그 1952. 12.

최근 우리나라도 초미세 먼지로 기관지염 환자들이 많이 발생하고 있지? 그 원조격이라고 할 수 있는 사건이야. 영국 런던에 일주일간 스모그 현상이 지속되면서 호흡 장애, 질식, 만성 폐질환 등으로 1만 2000여 명이 사망하게 되지. 공장의 배기가스 같은 화석 연료가 그 원인으로 밝혀지면서 대기 오염에 대한 사람들의 인식이 크게 달라졌어.

로스앤젤레스 백색 스모그 1954. 7.

1954년 7월 미국 로스앤젤레스에서는 맑은 날씨인데도 안개가 발생하는 새로운 스모그 현상이 발생했어. 공장 배기가스에 의해 발생한 런던 스모그와 달리 로스앤젤레스 스모그는 오염 물질이 햇빛과 반응해 인체에 해로운 2차 오염 물질을 생성했던 거야. 광화학 스모그 또는 백색 스모그라고도 해.

미나마타병 발생 1956. 5.

일본 미나마타만 연안에서 나는 어패류를 먹은 어민들에게 괴질이 발생했어. 1959년 구마모토대 의학부가 괴질의 원인을 밝혔단다. 신일

본 질소 공장에서 바다로 배출한 유기수은 때문이었어. 수은에 중독된 생선을 먹은 동물과 사람이 수은에 중독돼 생긴 괴질이었던 거야. 하지만 처음엔 이런 사실을 부정했단다. 그러다 9년이나 지난 1968년에야 일본 정부가 공식적으로 인정해. 이타이이타이병과 함께 일본 역사상 가장 대표적인 공해병으로 여겨지고 있어.

베트남 전쟁 1961~1975

제2차 세계 대전 이후 최대의 전쟁으로 120만여 명의 사망자와 300만~400만 명의 부상자 등 엄청난 인명 피해를 냈어. 게다가 환경까지 파괴했단다. 그 피해는 지금도 계속되고 있어. 베트콩(남베트남 민족해방전선)들이 게릴라 전술을 벌이며 미군을 곤경에 빠뜨리자, 미군은 이들이 숨어든 울창한 밀림을 없애기로 했지. 그들은 식물을 말려 죽이는 제초제(고엽제)를 정글에 마구 뿌려 댔어. 밀림뿐만 아니라 그곳에 있던 군인들에게도 마구 뿌려졌지. 그때까진 고엽제가 인간에게 얼마나 해로운지 몰랐던 거야. 이로 인해 밀림 파괴뿐만 아니라 전쟁에 참여했던 군인들도 고엽제에 희생양이 되었어. 암 발생 등 고엽제 후유증으로 지금도 고통받는 사람들이 많단다.

세계 자연 기금 출범 1961. 9.

세계 자연 기금(World Wide Fund for Nature, WWF)은 자연보호를 위한 국제 비정부 기구야. 세계 최대의 환경 단체로, 90여 나라의 500만명 이상의 회원이 있으며 1만 5000개의 프로젝트를 수행하고 있는데 재

정의 90퍼센트 이상을 개인과 회사의 기부로 충당하고 있다고 해. 1961
년 9월 11일, 스위스 모르주에서 '세계 야생 생물 기금'이라는 이름으로
시작했다가 1986년 지금의 이름으로 바꾸었어. 규모만큼이나 국제적인
영향력도 큰 자연보호 기구야. 이들은 국경과 문화, 종교를 넘어서 지구
의 온난화와 각종 오염을 막고 모든 생물을 보호하는 것을 목적으로 활
동 하고 있지. 또한 자원을 효과적으로 사용하여 오염을 줄이고 에너지
를 절약하는 데에도 목표를 두고 있단다.

『침묵의 봄』 발간 1962. 9.

미국의 해양 생물학자이면서 '환경 운동의 어머니'라 불리는 레이
첼 카슨(1907~1964)이 출간한 책이야. 봄이 오면 새들의 지저귐이 더욱
귓가에 가깝게 들려. 새들의 지저귐이 커진다는 건 그만큼 새들이 수가
늘어났다는 얘기야. 새들의 수는 먹이와 깊은 관계가 있다는 건 너무나
당연한 말이지? 새들의 먹이는 꽃, 열매, 애벌레 등이지. 그런데 농약,
살충제 등으로 풀들이 건강하지 못하니 애벌레들도 사라지고, 결국 이
를 먹이로 하는 새들도 사라져 시끌벅적한 봄이 아닌 침묵의 봄이 온다
는 게 이 책의 메시지란다. 인간이 자연 생태계의 순환을 파괴한 결과라
는 거야. 이 책은 사람들의 공감을 불러일으켰고 많은 환경 기구가 생겨
나는 계기가 되었단다. 미국의 뒤를 이어 영국 등지에서도 화학 물질 살
충제 사용을 금지하는 법이 제정되었지. 이 책은 살충제 · 농약 등의 피
해를 경고하며 20세기 환경 운동에 불을 지핀 책으로 꼽혀.

산성비 피해 1960년대 후반

네덜란드 근처와 스칸디나비아 남부 지역에 걸쳐 나타나다가 전 유럽으로 퍼진 현상이야. 산성비는 하천의 pH 저하, 토양의 변질 등 자연생태계에 영향을 주어 플랑크톤, 어류, 삼림 수목에 피해를 주었단다. 특히 숲의 피해가 심각해서 네덜란드 같은 나라는 숲의 40퍼센트 이상이 산성비의 피해를 입었다고 해. 이후 심각성을 인식한 세계인들은 1972년 유엔이 주최한 스톡홀름회의에서 이를 주요 의제로 다루게 되지.

로마클럽 1968. 4.

이탈리아 사업가인 아우펠리오 페체이가 주도해서 만든 모임이란다. 지구의 유한성이라는 문제의식을 가진 유럽의 경영자, 과학자, 교육자 등이 모여 회의를 했지. 그때 모인 장소가 로마였다고 해서 붙여진 이름이야. 이 모임은 천연자원의 고갈, 환경 오염 등 인류가 직면한 위기를 극복할 방법을 찾는 한편 사람들에게 환경 문제를 경고·조언하는 것을 목적으로 하고 있어.

'지구의 벗' 설립 1969. 9.

'지구의 벗'(Friends of the Earth International, FOEI)은 시에라클럽 멤버였던 데이비드 블로워가 1969년 미국 샌프란시스코에서 설립한 환경단체야. 당시 데이비드 블로워는 핵발전소의 건설에 반대하기를 주저했던 시에라클럽을 탈퇴하고 '지구의 벗'을 만들었어.

지구의 벗은 지구 온난화 방지, 산림 보존, 생물 다양성의 보존 등 다양한 분야에서 활동하고 있어. 전통적인 자연보호를 넘어서서 지속적인 발전과 경제에 대한 문제 제기를 한단다. 본래 북미와 유럽에서 시작한 이 운동은 개발 도상국에서도 참여의 폭을 넓혀가고 있어.

1971년 프랑스, 스웨덴, 영국, 미국 등 네 나라 대표단이 모여 '국제 지구의 벗'이 결성된 후 세계 각지에 네트워크를 갖게 됐어. 우리나라의 환경운동연합도 2002년 6월에 가입했단다. 그린피스, 세계 자연보호 기금(WWF)과 함께 세계 3대 환경 단체로 꼽혀.

지구의 날 시위 1970. 4.

미국 상원의원 게일로드 넬슨과 하버드대생이던 데니스 헤이즈가 '지구의 날' 선언문을 발표한 일을 계기로 만들어진 국제 행사야. 이들은 당시 캘리포니아에서 있었던 기름 유출 사고에 항의하면서 1970년 4월 22일 처음으로 '지구의 날' 행사를 열었단다. 1990년 이후에는 전 세계로 퍼져 환경 엔지오의 기념일로 정착했어.

람사르 협약 1971. 2.

1971년 이란의 람사르에서 열린 국제습지조약회의에서 채택된 동식물·물새 보호를 위한 습지 보호와 지속 가능한 이용에 관한 국제협약이야. 1975년에 발효됐고, 한국은 1997년에 가입했어. 우리나라에서는 강원 대암산 용늪, 제주 물장오리오름, 경남 우포늪, 강화 매화마름 군락지, 전남 장도습지, 증도 개펄, 여의도 밤섬 등 18개소가 람사르 습지로 등록돼 있어. 특히 여의도 밤섬은 대도시 속의 습지로서 의미가 있단다.

그린피스 창설 1971. 9.

그린피스는 캐나다 밴쿠버에서 만들어진 국제 환경 보호 단체야. 어빙 스토와 도로시 부부 등 세 쌍의 부부를 비롯해 반전 운동가, 인디언 보호 운동가, 대학생 등 12명이 모여 결성한 반핵 단체인 '해일을 일으키지 말라 위원회'를 모태로 했단다. 이들은 핵실험 반대와 자연보호 운동 등을 통하여 지구의 환경을 보존하고 평화를 증진시키기 위한 활동을 펼치고 있단다. 세계 40여 개국에 지부를 두고 있으며, 본부는 네덜란드 암스테르담에 있어. 그린피스라는 이름은 71년 미국이 알래스카 암치카 섬에서 핵실험하는 것에 반대하기 위한 항해에서 비롯했다고 해. 그 배의 돛에 그린피스라고 써 놓았는데 그게 단체 이름이 된 거야.

그린피스는 프랑스 핵실험을 반대하는 운동과 고래 보호 활동으로 유명해졌어. 그 후 핵발전 반대, 방사성 폐기물 해양 투기 저지, 지구 온난화 방지 등 폭넓은 활동을 벌이고 있어.

로마클럽 보고서 1972.

로마클럽은 '성장의 한계'라는 보고서에서 세계의 경제 성장이 환경에 미치는 부정적 영향을 지적했어. 이 내용이 책으로 출간되자 베스트셀러가 됐지. 환경 문제의 고전으로 꼽히는 이 보고서의 '성장 한계론'은 20세기 말 최고의 화두였단다. 세계인들의 관심은 이후 '지속 가능한 개발'을 주제로 한 세계 최대 규모의 국제회의인 '리우 회의'로 이어졌단다.

인간 환경 선언(스톡홀름 선언) 1972. 6.

스웨덴 스톡홀름에서 1972년 6월 5일 지구 역사상 최초로 환경 관련 국제회의가 열렸어. 지구적 규모의 환경 파괴에 대한 대책을 논의하고 해결점을 찾고자 했지. 회의에서는 '하나뿐인 지구'라는 구호 아래 113개국 1200여 명이 '인간 환경 선언'을 채택했지. 이날을 기념해 '세계 환경의 날'이 제정됐고 유엔환경계획(UNEP)이 창설됐단다.

세베소 사건 1976. 7.

이탈리아 북부에 위치한 세베소 시에서 발생한 유독 가스 누출 사고야. 당시 농약 공장에서 염소가스와 다이옥신 같은 유독성 화학 물질이 대기로 방출됐어. 15분 동안의 누출 사고로 발생한 독성 구름은 세베소를 비롯해, 5킬로미터 이내에 있는 인근 11개 마을로 퍼져 나갔대. 이 사고로 수백 마리의 동물이 죽거나 병들었고 사람들은 피부병에 걸렸어. 특히 누출된 다이옥신으로 1800헥타르의 토양이 60센티미터 깊이까지 오염돼 마을이 폐쇄되는 상황에 이르렀다고 해.

러브캐널 사건 1978.

1800년대 말 미국에서는 나이아가라폭포 인근의 두 호수를 운하로 연결해 전기를 생산하려는 러브캐널 사업을 시작해. 하지만 경제 불황으로 사업이 중단돼 운하 자리에는 웅덩이만 남았지. 그런데 1940년대에 한 화학 회사가 그 웅덩이에 다이옥신을 포함한 유독 물질 2만여 톤을 몰래 버렸어. 흙으로 메워진 그 자리에는 학교가 세워지고 마을이 들어섰지. 30여 년이 지난 1980년대 중반부터 가로수와 정원의 식물이 말라 죽고, 하수구에서 검은 액체가 쏟아져 나왔대. 주민들은 피부병, 심장 질환, 천식 같은 질병들을 앓으면서 그 원인을 찾던 중 과거에 유독성 물질이 버려졌다는 사실을 알게 된 거야. 사건의 심각성을 인정한 미국 연방정부는 1978년 이 지역을 '환경 재난 지역'으로 선포하고 살고 있던 240여 가구를 다른 지역으로 이주시켰단다. 이 사건은 미국 최악의 토양 오염 사건으로 기록되었어.

스리마일 섬 원전 사고 1979. 3.

미국 펜실베이니아 주 해리스버그 스리마일 섬 핵발전소에서 일어난 사고야. 핵연료가 과열되어 원자로가 녹아 버리고 방사능이 외부로 누출된 사건이야. 당시만 해도 핵발전이 안전하고 깨끗한 에너지로 인식되고 있었거든. 체르노빌이 있기 전까지 사상 최악의 원전 사고로 기록된 이 일로 미국 내 반핵 운동이 거세지고 원전 사고에 대한 세계적인 관심이 생기기 시작했어. 시민들의 불안과 공포가 커지자 미국 대통령은 다시는 핵발전소를 짓지 않겠다고 선언하기에 이르렀단다.

나이로비 선언 1982. 5.

스톡홀름회의 10주년을 기념하며 1982년 5월 케냐 나이로비에서 국제연합 환경계획(UNEP) 관리 이사회에서 채택된 선언이야. 지속 가능한 개발이라는 개념을 통해 환경 보전과 경제 개발에 대한 선진국과 개발 도상국 간의 이견을 좁히려는 최초의 시도였어. 그 결과 세계환경 개발위원회(WCED, 일명 브룬트란트 위원회)가 창설됐단다.

보팔 참사 1984. 12. 3.

인도 중부에 있는 도시 보팔에서 발생한 유독 물질 누출 사고야. 미국 유니언카바이드 사가 운영하는 공장에서 화학 물질 저장 탱크가 폭발했어. 이 사고로 42톤의 메틸이소시안이 2시간 동안 누출되었단다. 농약의 원료로 사용되는 이 물질은 인체에 아주 치명적이었어. 사고 당시 주민 2800여 명이 죽고 20만 명 이상의 피해자가 생겼는데, 지금까지 2만 명이 죽었다고 전해져. 이 사고는 금세기 최대 인명 피해 사고로 기록되고 있어. 사고를 유발한 유니온카바이드 사의 책임을 묻는 소송은 지금도 계속되고 있단다.

온산병 사태 1985. 1.

울산에 있는 온산 공업 단지 주민들이 겪은 공해 질환을 말해. 주민들은 1983년부터 뼈마디가 쑤시고 아픈 증세를 호소했어. 그러자 1985년 한국공해 문제연구소는 이것이 일본의 이타이이타이병과 유사하다고 주장했지. 논쟁은 계속되었지만, 정부는 중금속에 의한 환경성 질환이나 공해병은 아니라는 모호한 주장을 되풀이했단다. 그러면서도 2000가구 1만여 명의 피해 주민을 인근 지역으로 이주시켰어. 이 일은 급속한 산업화가 가져온 대표적인 공해 사건으로 꼽히고 있단다. 국민들의 환경에 대한 인식도 이를 계기로 한결 높아졌지.

레인보우워리어 호 사건 1985. 7.

그린피스 소속 선박인 레인보우워리어 호는 프랑스 핵실험 기지인 폴리네시아의 모루로아 환초 일대로 핵실험 반대 항해를 하고 있었어. 그런데 7월 10일 뉴질랜드의 오클랜드 항에 정박 중이던 이 배가 폭파되어 침몰하고 포르투갈 사진 기자가 사망하는 사건이 발생한단다. 조사 결과 이 사건이 프랑스 대외안전국(DGSE)의 공작이었음이 밝혀져. 미테랑 대통령도 이를 묵인했다는 주장이 제기되면서 전 세계에서 비난 여론이 빗발치게 되지. 당시 강대국들의 무차별적인 핵실험에 대한 경각심을 불러일으키는 계기가 됐단다.

체르노빌 원전 사고 1986. 4. 26

옛 소련 땅이었던 우크라이나의 체르노빌 원전에서 벌어진 사고야. 그 뒤 원전 해체 작업에 동원된 노동자 5700여 명과 부근 주민 2500여 명이 사망하고 43만 명이 암, 기형아 출산 등 각종 후유증을 앓았어. 원전이 있던 자리는 폐허가 되었고 주민 9만 2000여 명은 강제 이주되었단다. 누출된 방사능은 유럽 전역으로 확산됐고 한국에서도 일부 지역에서 낙진이 검출됐지. 역사상 최악의 사고로 꼽히는 체르노빌의 재앙은 여전히 진행 중이란다.

라인 강 오염 사건(일명 바젤 사건) 1986. 11.

스위스 바젤의 의약품 공장 화재로 창고에 있는 살충제, 유기인계 농약, 수은 화합물 등 약 30톤이 라인 강에 흘러든 사건이야. 여기에 다

른 화학 회사까지 유독 제초제 등을 무단 방류하면서 라인 강이 죽음의
강이 되어 버렸던 사건이야.

몬트리올 의정서 발효 1989. 1.

오존층은 태양에서 방출되는 자외선을 차단해 인간과 자연을 보호
하는 일종의 보호막 역할을 해. 이런 고마운 오존층이 얇아지거나 구명
이 뚫리게 되면 지구의 생물들은 큰 영향을 받게 되지. 육상 생물의 돌
연변이 발생률이 커지고 농산물 수확 감소는 물론 해양 생태계 파괴와
인체에 피부암, 백내장 등을 초래할 수 있단다. 오존층 파괴 문제가 커
지자 국제사회가 나서게 됐어. 1985년 오존층 보호에 관한 빈 협약이
체결됐고 1987년 캐나다 몬트리올에서 오존층 파괴 물질인 염화불화탄
소(CFC)의 생산과 사용을 규제하는 의정서가 정식으로 체결, 1989년 1
월 발효됐어.

엑슨발데즈 호 사건 1989. 3.

125만 배럴의 원유를 적재한 엑슨발데즈 호가 알래스카의 암초에
걸려 좌초되어 원유가 부근 해역과 해변을 뒤덮은 사건이야. 기름을 뒤
집어쓰고 죽어 가는 바닷새, 수달, 물개들의 모습이 TV를 통해 우리
에게 알려졌어. 이 시기에 북해 바다표범의 85퍼센트에 해당하는 1만
7000여 마리가 죽었다는 사실이 알려지면서 큰 충격을 주었단다. 단 한
번의 원유 유출이 어떤 재앙을 불러오는지를 분명하게 보여 준 끔찍한
사례였어.

바젤 협약 1989. 3.

국제적으로 문제가 되는 유해 폐기물의 수출입과 그 처리를 규제하려는 움직임이 일기 시작했어. 1981년 제9차 UNEP 총회 이래 여러 차례의 회의를 거쳐 1989년 3월 바젤에서 규제 협약을 맺고 1992년부터 발효됐단다. 그렇지만 여전히 가난한 나라들은 유해 폐기물로 고통받고 있어. 왜냐하면 잘사는 나라들이 돈을 주면서 폐기물을 가난한 나라로 보내기 때문이야.

세리즈 원칙 발표 1989. 9.

발데즈 원칙이라고도 해. 미국의 민간단체인 '환경에 책임을 지는 경제기구 연합'(CERES)이 1989년 9월에 발표한 원칙이야. 기업이 그 활동으로 인해 발생한 어떤 재해에도 책임을 지며, 원상회복을 위해 노력하도록 규정하는 내용이야. 기업은 환경에 대한 직접적인 책임이 있다는 것을 밝히고 있어. 또한 철저한 정보 공개, 에너지 효율 향상, 폐기물 감축 등 환경에 피해를 주지 않는 기업 활동의 기준을 내용으로 하고 있단다. 기업이 환경 문제에 대응하는 정도를 판단하는 기준이 되지. 앞서 있었던 엑슨발데즈 호 원유 유출 사고 후 생겼단다.

리우 환경 회의 1992. 6.

스톡홀름 인간 환경 회의 20주년을 기념해 브라질 리우데자네이루에서 열린 국제회의야. 각국 정부 대표와 민간단체가 모여 지구 환경 보전 문제를 논의한 20세기 최대의 국제회의였단다. 정부 대표가 중심이 된 유엔환경 개발회의(UNCED, 일명 지구 정상회의)와 각국 민간단체가 중심이 된 '글로벌 포럼 92'(일명 지구 환경회의)가 함께 개최됐단다. 스톡홀름 인간 환경 선언의 정신을 확대·강화시킨 '리우 선언'과 이를 실천하기 위한 행동 계획에 해당하는 '어젠다21'이 채택됐어. 그 중심 주제가 '환경적으로 건전하고 지속 가능한 개발'이란다.

환경운동연합 창설 1993. 4.

리우 회의의 정신에 따라 공해추방운동연합 등 기존의 반공해 운동 단체와 부산·대구·광주 등 지역 환경 단체가 모여서 환경운동연합으로 새롭게 태어났어. 이후 국내 환경 문제를 넘어서 지구촌 환경 문제 해결을 위한 활동을 펼치는 아시아 최대의 환경 단체로 성장했지.

브랜트스파 호 사건 1995. 6.

1995년 석유회사 쉘이 수명이 다한 대형 시추선 브렌트스파 호를 북해에 몰래 버리려 했어. 이 계획을 입수한 그린피스는 브렌트스파 호에 100톤의 독성 폐기물과 30여 톤의 방사능 폐기물이 남아 있음을 폭로하고 강력한 행동에 나서 이 계획을 취소시켰단다.

여수 씨프린스 호 기름 유출 사고 1995. 7.

전라남도 여천군(지금의 여수시) 남면 소리도 앞에서 호남정유(지금의 GS칼텍스) 사의 유조선 씨프린스 호가 암초에 부딪혀 침몰하면서 5000여 톤의 기름이 바다에 유출된 사고야. 이 사고로 3295헥타르, 204킬로미터의 해상과 73킬로미터의 해안이 오염됐다고 해. 여수 소리도 주민과 환경 단체에 의하면 12년이 지난 2007년에도 기름 찌꺼기가 발견되고, 어족 자원이 감소했다고 하니 원유 유출 사고가 해양 생태계에 끼치는 결과가 얼마나 참혹한지 짐작할 수 있어.

인도네시아 산불 1997. 9.

1997년 9월 인도네시아 칼리마탄과 수마트라에서 발생한 불로 최대 170만 헥타르의 숲이 화염에 휩싸였어. 무계획적인 토지 이용과 엘니뇨에 의한 대기의 극심한 건조가 원인이었대. 엄청난 규모의 산불로 이른바 '아시아의 갈색 구름층'이 생겨났어. 난방, 산불, 공장 매연 등이 복합적으로 만들어 내는 이 구름층은 일조량의 10~15퍼센트를 차단, 기상 이변의 원인이 되었단다.

교토 의정서 발효 2005. 2.

1997년 12월 일본 교토에서 열린 유엔 기후 변화 협약(UNFCCC) 제3차 당사국 총회에서 채택된 의정서야. 이를 통해 지구 온난화 규제 및 방지를 위한 구체적 이행 방안으로 선진국의 온실가스 감축 목표치를 정했어. 전 세계 이산화탄소 배출량의 28퍼센트를 차지하는 미국이 2001년 3월 탈퇴하는 등 우여곡절 끝에 2005년 발효됐단다.

카트리나 대재앙 2005. 8.

최고 시속 280킬로미터의 강풍과 폭우를 동반한 초대형 허리케인 카트리나가 미국 남부 지역을 강타하면서 1300여 명의 사망자와 250만 세대의 이재민, 1000억 달러가 넘는 재산 피해를 발생시켰어. 특히 도시의 약 80퍼센트가 침수된 뉴올리언스는 도시의 기능이 완전히 마비됐단다. 이 같은 대재난 역시 지구 온난화 등 환경 요인에 의한 것이라는 주장이 설득력을 얻고 있어. 거기다 뉴올리언스의 침수 지역은 대부분이 습지를 매립한 간척지였다는구나. 빗물을 저장하는 완충 지대 역할을 했던 습지가 사라지면서 피해가 커졌다고 해.

태안 기름 유출 사고 2007. 12.

충청남도 태안군 앞바다에서 홍콩 유조선 허베이스피릿 호와 삼성물산 소속의 삼성1호가 충돌해 기름이 유출된 사건이야. 이때 유조선 탱크에 있던 총 1만 2547킬로리터(7만 8918배럴)의 원유가 태안 인근 해역으로 유출되었어. 이로 인해 인근 양식장의 어패류가 대량으로 폐사했고 어장이 황폐해지면서 지역 경제에 심각한 피해를 끼쳤단다. 100만 명 이상의 자원 봉사자의 활약 덕분에 가까스로 수습할 수 있었다고 해.

김천, 구미, 상주, 화성 지역 가스 누출 사고 2008~2013

2008년 김천에서 페놀 수지 폭발 사건이 일어났고, 2012년 9월 구미산업단지 4단지 내 휴브글로벌에서 불산 저장 탱크에서 유독 가스가 누출되는 사고가 발생해. 2013년 1월엔 상주시에서 염산이 누출되는 사고가 화성시에서는 불산 가스 누출 사고가 일어났어. 국민들은 이러한 일련의 사고를 보며 유해 물질을 다루는 산업 시설에 대한 관리가 얼마나 중요한지 알게 되었단다.

2011년 3월 11일 도호쿠 지방 태평양 해역에서 진도 9의 강진이 발생해. 지진 발생 후 해일이 후쿠시마 핵발전소를 덮치면서 후쿠시마 원자로 1~4호기가 폭발하는 사고가 발생해. 이 사고는 방사능 물질이 대기 중으로 유출되고 해수가 오염되는 등 국제 원자력 사고 등급(INES)의 최고 단계인 7단계를 기록했어. 일본 국토의 70퍼센트가 방사능에 오염되는 사상 최악의 핵발전소 사고는 지금도 진행 중이야. 사고 수습은 아직도 제대로 이루어지지 않고 있으며 방사능에 오염된 오염수는 태평양으로 계속 흘러나와 멀리 미국, 캐나다 지역까지 영향을 미치고 있단다.

주한 미군 기지 내 고엽제 매몰 의혹 2011. 5.

주한 미군이 경북 칠곡군 왜관읍에 있는 캠프 캐럴 기지에 고엽제를 묻었다는 주장이 제기되었어. 한국에서 근무했던 미군 병사가 군사 전문지에서 밝힌 거야. 고엽제는 인체에 치명적인 다이옥신을 포함하고 있어. 파문이 일자 그동안 미군의 폐기물 처리에 대한 다양한 사실들이 알려졌는데, 경기도 부천 오정동에 있었던 캠프 머서 기지에도 1963~1964년 사이 온갖 화학 물질이 매립되었다고 해. 녹색연합에 따르면 1991년부터 최근까지 주한 미군의 환경 오염 사례는 모두 47건으로 기름 유출 사건 29건, 포르말린 등 유해 물질 무단 방류 7건, 불법 매립 5건, 토양 오염 3건, 기타 3건 등이었어. 이에 정부 차원에서 제대로 된 진상 조사와 방지 대책이 필요하다는 여론이 형성되었어.

허리케인 샌디의 뉴욕 강타 2012. 10.

샌디는 자메이카와 쿠바, 미국 동부 해안에 상륙한 대형 허리케인이야. 최대 풍속이 시속 180킬로미터의 위력을 발휘했지. 북대서양에서 발생한 허리케인으로는 사상 최대였던 샌디의 충격으로 뉴욕은 아수라장이 된단다. 지하철이 물에 잠기고 수많은 이재민들이 발생했지. 당시 대선 후보들이 연설을 취소할 정도였다니 그 피해가 어느 정도였는지 짐작이 가지? 샌디는 미국 22개 주에 영향을 미쳤는데, 폭우와 바람뿐만 아니라 폭설이 기록될 정도로 유별난 허리케인이었단다.

슈퍼 태풍 하이옌의 필리핀 강타 2013. 11.

슈퍼 태풍 하이옌이 필리핀 중부를 강타하면서 엄청난 피해를 낳았단다. 슈퍼 태풍이란 수식어가 붙는 까닭은 시속 379킬로미터의 강풍이었기 때문이야. 필리핀 정부는 국가 재난 사태를 선포하며, 복구에 총력을 기울였지. 우리 정부를 포함해서 세계 각국도 복구를 도왔단다. 하지만 피해 규모는 상상을 초월했어. 타클로반 시의 90퍼센트가 파괴되고 7350명이 숨지거나 실종됐어. 2015년 1월 프란치스코 교황이 방문했을 당시에도 100만 명 이상의 이재민이 노숙자 신세로 지내고 있었단다.

여수 앞바다 원유 유출 사고 2014. 1.

2014년 1월 여수 앞바다에서 싱가포르 국적 유조선 우이산 호가 GS칼텍스 소유 송유관을 들이받는 사고가 발생해. 이 사고로 송유관 세 개가 파손되고 흘러나온 기름으로 바다는 검은색으로 변했지. 그 양이 1995년 씨프린스 호 사고 당시 유출된 5035킬로리터의 8퍼센트에 불과했지만 초기 대응이 미흡한 탓에 피해가 컸다고 해. 사고 예방도 중요하지만 어떻게 대처하느냐에 따라서 환경 피해가 달라질 수 있다는 점을 일깨워준 사고였어.

제12차 유엔 생물다양성 협약 당사국 총회 강원도 평창 개최 2014. 9.

오늘날 인간은 여러모로 동식물에 의지하고 있어. 식량으로 쓰는 것은 물론 의약품 등에도 동식물에서 추출한 물질이 쓰이지. 그런 의미에서 생물 다양성은 우리에게 매우 중요한 문제야. 자연환경 파괴로 생물종 감소가 자연 상태보다 1000배 이상 빨리 진행되고 있어. 2014년 강원도 평창에서 열린 당사국 총회는 이러한 문제를 해결하기 위한 자리였단다.

월성 1호기 수명 연장 결정 2015. 2.

인류는 이미 세 번의 커다란 핵발전소 사고를 경험했어. 스리마일 섬, 체르노빌 그리고 최근의 후쿠시마까지. 이 세 번의 사고는 원인이 다 달랐단다. 스리마일 섬은 청소부의 실수, 체르노빌은 과학자의 실수, 그리고 후쿠시마는 자연재해였지. 그럼에도 한 가지 공통점이 있는데,

그건 바로 핵발전소를 많이 지은 나라였다는 거야. 지금 세계 핵발전소 수는 미국, 프랑스, 일본, 러시아, 한국 순으로 많단다. 후쿠시마에는 지진 해일이 덮친 바닷가에 10개의 발전소가 있었는데 이 중 4개에서만 사고가 났어. 모두 오래된 발전소였지. 그만큼 안전과 수명이 깊은 관계에 있다는 거지. 우리나라에도 오래된 발전소가 많단다. 시한이 지난 핵발전소는 반드시 폐쇄해야 하는데 수명이 지난 월성 1호기를 2015년 2월 연장해서 가동하기로 했단다.

톈진 항 폭발 사고 2015. 8.

톈진 항 폭발 사고는 너희도 뉴스를 통해서 이미 알고 있을 거야. 2015년 8월 12일 중국 톈진 빈하이 신구의 톈진 항에서 30초 간격으로 일어난 두 차례의 컨테이너 선적소 폭발 사고야. 사고 장소에서 수십 킬로미터 떨어진 곳에서도 폭발을 느낄 수 있었다니 얼마나 큰 사고였는지 짐작이 가지? 중국 지진 네트워크 센터는 최초 폭발을 TNT 3톤, 두 번째 폭발을 TNT 21톤과 맞먹는 위력이라고 보고했단다. 사고 수습을 위해 현장에 있던 소방관 11명도 숨졌어. 112명이 숨지고, 100명 가까운 인원이 실종되었으며 700명 이상이 부상을 입은 큰 사고였어.

3대 환경 협약

1992년 리우 환경 회의에서 채택된 기후 변화 협약과 생물 다양성 협약에 사막화 방지 협약을 더해서 이를 3대 환경 협약이라 한단다. 그 내용을 짧게 살펴 볼게.

① 기후 변화 협약 UNFCCC, United Nations Framework Convention on Climate Change

흔히 '기후 변화 협약'이라고 불리는 이 협약의 정식 명칭은 '기후 변화에 관한 유엔 기본 협약'이란다. 리우 환경 회의에서 체결되어 '리우 환경 협약'이라고도 해. 1970년대 말부터 과학자들 사이에 기후 변화에 관한 논의가 벌어지기 시작하면서 1987년 제네바에서 열린 제1차 세계 기상 회의에서 정부 간 기후 변화 패널이 결성된단다. 1988년 캐나다 토론토에서 국제협약 체결 문제가 공식적으로 제기되고, 1990년 제네바에서 열린 제2차 세계 기후 회의에서 기본적인 협약을 체결한 뒤, 1992년 6월에 정식으로 체결하게 돼. 기후 변화 협약의 목적은 이산화탄소를 비롯한 온실가스를 줄임으로써 지구 온난화를 막는 데 있어.

지구에 최초로 생물이 등장한 것은 약 35억 년 전이야. 그 후 오랜 시간 동안 진화를 거듭하면서 오늘날에 이르게 되었지. 그렇다면 현재 지구 상에는 얼마나 많은 종류의 생물들이 있을까? 유엔 환경 프로그램 보고서(2000년)에 따르면, 약 170만 종의 생물들이 지구에 살고 있다는 구나. 학자들은 알려지지 않은 것까지 포함하면 적어도 3000만 종 이상의 생물이 살고 있을 거라 추정하고 있어. 아마도 지구가 생긴 이래 지금까지 출현했던 생물들을 모두 합치면 수십억 종은 될 거야.

생물종이 사라지는 건 여러 이유가 있겠지. 진화 과정에서 자연스럽게 멸종되기도 하지만 인간의 탓도 있을 거야. 실제로 인간의 벌목 등으로 숲이 사라지고 각종 개발과 환경 오염으로 생물종이 급격히 줄고 있단다. 대표적인 곳이 아마존 열대 우림이야. '열대 우림 행동 네트워크'(RAN)는 전 세계 원시림의 75퍼센트가 파괴되었고 토양은 황폐화되었으며 지하수는 고갈되고 강은 독극물로 오염되었다는 걸 알렸단다. 바다에선 어류가 남획되고 사람들 몸엔 독성 물질이 쌓여가고 있단다. 생물 다양성 협약은 여기에 대한 위기감에서 비롯했어.

생물 다양성이 사라지면 인류도 살아남지 못하리라는 거야. 우리 인간이 먹는 식량도 그렇고 일상에서 사용하는 물질들이 모두 이러한 생물들에서 오기 때문이야. 유엔의 제3차 생물 다양성 전망 보고서(GBO-3, 2010년)에 따르면 자연환경 파괴로 인한 생물종 감소는 자연 상태보다 1000배 이상 빨리 진행되고 있다는구나. 지금 멈추지 않으면 조만간 우리가 알고 있는 동식물들이 우리 곁을 떠날지도 몰라. 이를 막고자 국제사회가 맺은 것이 생물 다양성 협약이야. 인류가 생물자원을 파괴하는 소비를 멈추고 대신 지속 가능한 개발을 해 나가자고 뜻을 모은 것이지.

③ 사막화 방지 협약 UNCCD, United Nations Convention to Combat Desertification

심각한 가뭄 또는 사막화를 겪고 있는 아프리카 지역을 비롯해 중국, 몽골, 미얀마 등 일부 국가들의 사막화 방지를 위한 국제 협약이야. 지나친 개발로 가뭄과 사막화, 토지 황폐화 등을 겪고 있는 개발 도상국을 재정적으로, 기술적으로 지원하자는 것이 이 협약의 목표란다.

1977년 케냐 나이로비에서 열린 유엔 사막화 대책 협의회(UNCOD)는 사막화 퇴치 행동 계획(PACD)을 마련했어. 국제 사회의 무관심으로 큰 성과를 거두지 못하다가 1992년 리우 회의에서 아프리카 국가들의 발제에 따라 국제적 합의가 이루어졌단다. 이후 수차례 협상을 거쳐 1994년 프랑스 파리에서 사막화 방지 협약(UNCCD)이 채택되었어.

목숨을 건 환경 운동

국제 환경 감시 단체인 글로벌 위트니스가 발간한 보고서에 따르면 지난 10년 동안 환경 운동가 908명이 살해되었다고 해. 브라질 448명, 온두라스 109명, 페루 58명 등, 이 가운데 절반 이상이 중남미의 활동가들이었다. 환경 운동가 대부분은 토지 강탈, 광산 채굴, 목재 수출에 반대하거나 야생 생물 보호 활동을 하다가 개발업자들에게 살해당한 거야. 그리고 환경 운동가들의 목숨과 맞바꾼 것들은 선진국들로 수출된단다. 우리가 소비를 줄이거나 멈추지 않는 한 환경 운동가들의 희생은 계속될지도 몰라.

참고 서적

10대와 통하는 탈핵 이야기(최열 외 지음, 철수와영희, 2014년)

경제성장이 안 되면 우리는 풍요롭지 못할 것인가(C. 더글러스 러미스 지음, 최성현·
김종철 옮김, 녹색평론사, 2011년)

과거의 거울에 비추어(이반 일리치 지음, 권루시안 옮김, 느린걸음, 2013년)

기후 변화의 정치학(앤서니 기든스 지음, 홍욱희 옮김, 에코리브르, 2009년)

꿀벌을 지키는 사람(한나 노드하우스 지음, 최선영 옮김, 더숲, 2011년)

나락 한알 속의 우주(장일순 지음, 녹색평론사, 2009년)

종이로 사라지는 숲 이야기(맨디 하기스 지음, 탁광일 외 옮김, 상상의숲, 2009년)

낭비 사회를 넘어서(세르주 라투슈 지음, 정기헌 옮김, 민음사, 2014년)

너무 늦기 전에 알아야 할 물건 이야기(애니 레너드 지음, 김승진 옮김, 김영사, 2011년)

대구(마크 쿨란스키 지음, 박중서 옮김, 알에이치코리아, 2014년)

대기근, 조선을 뒤덮다(김덕진 지음, 푸른역사, 2008년)

불교와 일반시스템 이론(조애너 메이시 지음, 이중표 옮김, 불교시대사, 2004년)

사막에 숲이 있다(이미애 지음, 서해문집, 2006년)

성장의 한계(도넬라 H. 메도즈 외 지음, 김병순 옮김, 갈라파고스, 2012년)

에콜로지와 평화의 교차점(C. 더글러스 러미스·쓰지 신이치 지음, 김경인 옮김, 녹색평론
사, 2010년)

왕가리 마타이(윤혜윤 지음, 나무처럼, 2012년)

왜 세계의 절반은 굶주리는가(장 지글러 지음, 유영미 외 옮김, 갈라파고스, 2007년)

우리 문명의 마지막 시간들(톰 하트만 지음, 김옥수 옮김, 아름드리미디어, 1999년)

작은 것이 아름답다(E. F. 슈마허 지음, 이상호 옮김, 문예출판사, 2002년)

착한 전기는 가능하다(하승수 지음, 한티재, 2015년)

침묵의 봄(레이첼 카슨 지음, 김은령 옮김, 에코리브르, 2011년)

탈바꿈 – 탈핵으로 바꾸고 꿈꾸는 세상(히로세 다카시 외 지음, 탈핵프로젝트 엮음, 오마이북, 2014년)

탐욕의 울타리(박병상 지음, 이상북스, 2014년)

플라스티키, 바다를 구해줘(데이비드 드 로스차일드 지음, 우진하 옮김, 북로드, 2013년)

한국 원전 잔혹사(김성환·이승준 지음, 철수와영희, 2014년)

한국 탈핵(김익중 지음, 한티재, 2013년)

환경 프로젝트 우리들의 빗물 이야기(한무영·서은정 지음, 리젬, 2013년)